拯救校园

台湾基础教育改革现场实录

黄伟雯 著

西南师范大学出版社
国家一级出版社 全国百佳图书出版单位

图书在版编目（CIP）数据

拯救校园：台湾基础教育改革现场实录 / 黄伟雯著
. — 重庆：西南师范大学出版社，2017.5
　ISBN 978-7-5621-4966-8

Ⅰ.①拯… Ⅱ.①黄… Ⅲ.①基础教育－教育改革－研究－台湾 Ⅳ.① G639.21

中国版本图书馆 CIP 数据核字 (2017) 第 112035 号

本书中文繁体字版本由城邦文化事业股份有限公司流行风出版部在台湾出版，今授权重庆西南师范大学出版社有限公司在中国大陆地区出版其中文简体字平装本版本。该出版权受法律保护，未经书面同意，任何机构与个人不得以任何形式进行复制、转载。

项目合作：锐拓传媒 copyright@rightol.com

拯救校园：台湾基础教育改革现场实录
ZHENGJIU XIAOYUAN TAIWAN JICHU JIAOYU GAIGE XIANCHANG SHILU

著　　者：	黄伟雯
审　　校：	文　芳
责任编辑：	雷　刚
封面设计：	师想设计 杨　涵
排　　版：	重庆大雅数码印刷有限公司·瞿　勤
出版发行：	西南师范大学出版社　地址：重庆市北碚区天生路 1 号
	邮编：400715　市场营销部电话：023-68868624
经　　销：	新华书店
印　　刷：	重庆荟文印务有限公司
开　　本：	720mm×1030mm 1/16　印　张：11.25　字　数：143 千字
版　　次：	2017 年 6 月第 1 版　印　次：2017 年 6 月第 1 次印刷
著作权合同登记号：	版贸核渝字（2015）第 322 号
书　　号：	ISBN 978-7-5621-4966-8
定　　价：	30.00 元

编者的话

《吕氏春秋·察今》中有则寓言,说有个楚人,渡河时宝剑不慎掉入河中,他赶紧在船舷上刻了个记号,说:"我的剑,就是从这里掉下去的。"船靠岸了,楚人沿着记号跳入河中寻剑,不获。

很遗憾的是,我们常常不自觉地成为寓言中的楚人,宝剑掉落后却在船舷上去刻印记,等待船靠岸,最终错失良机。摆在读者朋友面前的这本书,讲的是新时代的教育至理——从20世纪走来的教师,如何不被旧有观念束缚,面对21世纪的教育问题,灵活变通,及时找到突破口。

从20世纪到21世纪,我们的社会到底在发生着怎样的变化?社会学家说后工业时代、信息社会已经来临;哲学家们说现在是充满末人、娱乐至死的时代;传播学者说现在是地球村,到处是信息高速公路;有政治学者甚至宣告历史已经终结;等等。

世界潮流浩浩汤汤,不可阻挡。跳出上述这些大的思维框架,回归到日常生活的视点,我们的周遭和我们自身,所发生的改变已是不争的事实。教育的场域,可以说是发生了翻天覆地的变化,教学的内容和形式变了,教育的评价方式变了,教育从业者的生存感受不一样了……最重要的是,教育的对象变了。在各式新奇玩具的包围下长大的一代,智能手机和iPad不离身的孩子们现在开始进入校园,教师要如何重新认识教育的本质?如何教好新生代的孩子们?基础教育的革命就在眼前真切地发生着,我们的老师都在这场潮流中,都身处变革的河流中央,驾着自己的一叶扁舟前行。

本书作者黄伟雯,自己就是经验丰富的老师,面对着自上而下推行的"教改"，以女性的敏锐体察着教育生态的细微变化，要与学生和家长共同追梦成长。书中语言妙趣横生，以"小白兔"比喻思想单纯、有时茫然的教师，并以此自况；以"怪兽家长""直升机家长"代称那些不讲道理、难以沟通的家长；以"神魔学生"代称调皮捣蛋、不可思议的新生代学生。全书分两篇，上篇直击教育观念，为我们描述了当前基础教育中的一些不尽合理的现象，分析了大众的教育困惑与观念上的不适当之处，包括教师的种种困境；下篇则更深入校园，还原课堂的现场，描述了新生代学生各式各样的表现和需求，描述了"穿着怪兽装的家长"与老师互动的一幕幕场景。全书的最后，黄伟雯老师支招的"21世纪教师攻略"让人印象深刻。

黄伟雯老师在书中针针见血地描述了种种教育病，仿佛一切都在失控，学生古灵精怪、不再受教，那些家长也毫不客气，传统儒家社会尊师的氛围已然淡去，教师职业的成就感减少了，职业焦虑和倦怠却在增加。但她是乐观的，她有自己的"攻略"：学生任性，老师可以更任性；学生有LINE，老师也玩FaceBook；老师在会教书之外，还要学会生活，多学技艺；老师可以把自己当成明星来经营，成为有魅力的人。的确，当周围的一切都在变化的时候，老师只有主动参与变革，才能不被时代的潮流抛弃。

相信黄伟雯老师的叙说对于我们的教育从业人员，或多或少会有一些启发。如是，也就够了。

为了便于读者朋友们了解作者写作的相关背景，我们在书中添加了脚注。是为记。

雷　刚
2017年5月

前 言

自从"12年国教"①这枚炸弹丢下来后,学生没有变得更轻松,还因此而增加了要去社区服务的志愿者时段。为了抢"不用晒太阳、不用付出太多苦力"的志愿者机会,大概许多家长都用尽了自己的人脉。

学生本人、家长和老师都被"12年国教"这个新政策搞得一头雾水,不知道真正能说出个所以然的家长及学生究竟有多少。为此,教育管理部门只要公文一下来,中等教育体系中的老师们就有参加不完的研习,告诉他们要如何认识"12年国教",一不小心没达成规定的研习课时数的话,就有人告诉我,可能会面临未知的惩罚。

高中老师更是坐着等,因为习惯于教会学生念书的老师们,很有可能面临真正常态分布的教学现场!而本来就不是顶尖学校的老师们,更有可能面临"少子化"②后公立学校要减班的问题。然后,在台湾,学生的直白与家长的辛辣,动辄批评老师"应对不够一百分"或是"管教过当",媒体(尤其是互联网)的"爆料"与"人肉搜索",又是另一种让许多从乖乖宝成长过来的老师们无法招架的心头大石!(以为自

---

① 指台湾省2011年1月启动的"十二年国民基本教育计划",该计划自2014年开始全面实施。作为近年来台湾最重要的教育改革工程,具有两大特色:免学费;免试入学与特色招生并行。其五大理念是:有教无类、因材施教、适性扬才、多元进路、有效衔接。由于此次教育改革推动教育均衡化冲击了许多明星公立中学,加上免试无法彻底实现,实际上考试程序变得更加复杂化,从而引发争议不断。本书脚注均为编者所加,特此说明。

② 指生育率下降,造成幼年人口逐渐减少的现象。

己不是老师们口中的"怪兽家长"的，可能要再反省一下。)

另一方面，私立学校不惜重金地招揽及留住好学生，办学优良严谨的私校纷纷成为新的明星学校，再也不是我们以前印象中的私立学校了！私立学校的教室成为必上台、成、清、交①的跳板，在私立学校百炼成钢的老师们，没有放弃想成为公立学校一员的想法，因此他们是每年教师甄试②的一支劲旅。

不记得是哪件事情，开启了对老师拿着放大镜进行审视的全民运动，老师的退休年纪从 50 岁到 55 岁再到 60 岁，延迟教师的退休年龄让退休金机制有了缓冲的机会。其实我们可以试想，一个已经可以当奶奶的老师，要怎么在 60 岁的时候还追着学生跑？怎么冲下台去没收他的"i-phone20"？

许多正当壮年的老师们，已经对未来的退休金有种看不清楚也摸不到的危机感。加上这个年代，"千错万错都是公务员的错，都是老师的错"的氛围，到这里，你还觉得当老师就是一条未来有优厚的退休金及一生是铁饭碗的光明大道？还以为 21 世纪的学生这么受教吗？

如果你"不幸"已经变成一只误入校园的"小白兔老师"，又该怎么振作精神去面对"一年一小变，三年一大变"的教学生态，而且还可以泰然自若，真正体会到教学的乐趣？那么本书会是值得你参考的好帮手。

---

① 指台湾最有名的四所公立大学：台湾大学、成功大学、台湾"清华大学"、"交通大学"。

② 教师甄试，指修完教育学分并取得实习合格证书以后，要进入学校任教的必经程序。它一般分为学校自办、联合自办两类，约在每年 6 至 8 月举办，大致分为初试（笔试）及复试（面试、资料审查、试教）两部分。

最后，如果你是乐于与老师互动的家长，很希望表达对教育事业的关心，或是想提供一点意见，告诉老师们在教学现场应该怎么教学，也请一定看看这本书。

校园已经跟20年前你所接触的环境大不相同了！当然也请记得，整个社会氛围也已经跟20年前当家长们还是高中生的那个时代有天壤之别了。更遑论21世纪的社会也是"一年一小变，三年一大变"，更确切地说，是跟着选举的结果在改变的。

不管你自认为是"有教育情怀的家长"，还是让众多老师害怕的"怪兽家长"，请看看真正在丛林里闯荡的"小白兔老师"们写下的校园实况录，再对比网络资讯或电视名嘴所说的内容，毕竟吸收资讯跟买东西一样，货比三家总是不吃亏的。

让我们一同自省，并让教育、让校园变得更美好吧！

目 录

上篇　岌岌可危的教育现实

第一章　21世纪的我们已经迷失了方向　　6
第一节　有好文笔就意味着上好学校吗?!　　7
第二节　满级分的迷思　　11
第三节　专家学者的话不是圣旨　　17
第四节　老师不是青少年大型托儿所的保姆　　21
第五节　被绑架的暑假　　26
第六节　鱼与熊掌不能兼得　　30

第二章　误闯21世纪丛林的"小白兔老师"们，想回家　　35
第一节　老师都是乖乖牌!　　36
第二节　老师们没有做过别的工作，能胜任吗?　　39
第三节　没有书商给资料就失去备课方向!这老师还会教吗?　　42
第四节　老师们只想教好学生?　　45
第五节　教育职场里应该有外语能力认证　　47
第六节　老师只想着还有几年退休?　　49
第七节　不知道具体效果如何的教师研习，为什么一定要参加?　　52
第八节　正式老师与代课老师哪里不一样?　　55

第三章	20世纪的观念与21世纪的窘境	58
第一节	国骂,到底是不是在骂人?	59
第二节	是学识深度重要,还是足够的社会历练度重要?	62
第三节	20世纪的钥匙儿童与21世纪的宅男宅女,谁更主动?	64
第四节	是精英教育重要,还是通才教育重要?	67
第五节	该务实,还是该"自信"?	69
第六节	21世纪老师的神性与人性	72

下篇　校园现场与互动万象

第四章	21世纪校园现场	79
第一节	"老师,我要去大便!"	80
第二节	"老师,为什么上课不能吃东西?"	83
第三节	"老师,我们一起来睡觉吧!"	86
第四节	"老师,我的手机你赔不起啦!"	89
第五节	"老师,我要请假!"	92
第六节	"老师,我的报告在FaceBook里!"	95
第七节	"老师,难怪你嫁不出去!"	98
第八节	"老师,你该减肥了!"	100
第九节	"老师,你怎么比我妈还老?"	102
第十节	"老师,为什么你只是代课老师,明年还会是你教我们吗?"	
		104

第五章	搭直升机来的"怪兽家长"进了校园	107
第一节	"孩子功课很好,为什么上课不能做别的事?!"	108
第二节	敬重和自省已经遗失了吗?	111
第三节	凡事都奉行双重标准?	114
第四节	施比受更有福?	116
第五节	老师得帮忙看小孩有没有吃青菜?	119
第六节	"我认识议员、记者,给我小心点!"	122

第六章	脱下怪兽装,家长可以这样做	125
第一节	家长也应该参加强制性研习	126
第二节	给小孩一张自助旅行机票并不算过度宠爱	129

第七章	21世纪学生不可思议的行为	132
第一节	三思而后行?"什么是E-mail,不是都用LINE吗?"	133
第二节	主动还是应该?"这是我的名片,请赞助我们的校园活动!"	137
第三节	将心比心?"应该不会客满到没位子坐吧!"	139
第四节	做自己!"我昨天没有来,是因为刚失恋!"	142

第八章	没有人告诉过你的"21世纪教师攻略"	145
第一节	老师们，请把自己当明星一样经营	146
第二节	老师们，用塔罗牌、星座和面相知识跟学生搞好关系吧！	149
第三节	除了教书的专业知识，老师得开发不同领域的才华与技能	152
第四节	老师们要比学生还会装可爱或是耍任性	155
第五节	要不要把学生加入私人FaceBook？请审慎考虑	158

附录 161

上篇 岌岌可危的教育现实

老师不是保姆

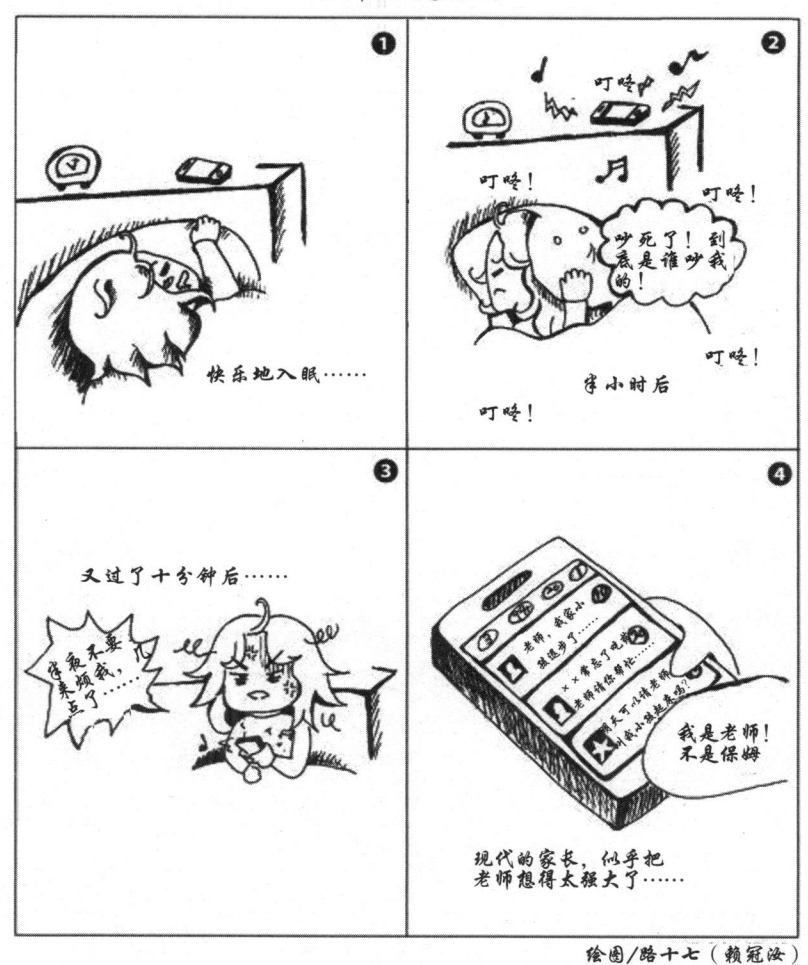

绘图/路十七（赖冠汝）

观察·20 世纪与 21 世纪的教育怪现象

	事件	20 世纪	21 世纪
上课态度	上厕所	×→▲	√
	吃东西	×→▲	√
	睡觉	×→▲	√
	跟老师八卦且说话非常尖酸	×→▲	√
教师权力	打	√	×
	骂	√	▲
	家长对老师的信任	√	▲→×
	言论自由	×→▲	√
教职内容	备课	"一纲一本"	"一纲多本"
	教学	板书、口述、问答	多元教学、电子化设备
	研习	自由参加	强制性
	评鉴	×	√
	配合行政事务	▲	√
社会观感	学生的综合素养	从 20 世纪到 21 世纪，呈直线下滑趋势	
	学生的自信	21 世纪的学生比 20 世纪的学生多了莫名的自信，但实际上需要的自信（比如：学业自信、恋爱自信）还是没有显著进步	
	家长的操心程度	要担心的事情越来越多，花更多的钱去补习	
	补习班	越来越多	
	到社会上以后的表现	雇主有越来越多的窘迫和苦衷在内心上演	

（注：出现率超过八成√　出现率超过四成▲　出现率低于两成×）

家长做得太多

1 那天带了柳丁到学校当点心……此时……

2 老师，我们班的作业！ 你们班真准时！

3 老师，那是什么水果啊？！ 橘子、柳丁，傻傻分不清。 柳丁

4 柳丁有皮喔！原来我妈都帮我剥皮了，哈哈！ 现在小孩都是以妈妈为中心的吗？

绘图/路十七（赖冠汝）

第一章 21世纪的我们已经迷失了方向

如果大众的价值观没有问题的话，我们的教育，为什么还在恶性循环？

第一节　有好文笔就意味着上好学校吗？

"神魔学生"说：我不想连作文都要补习！
"怪兽家长"说：以作文当超额比序的优先考量不公平！

也许你会问我，除了用于考试以外，作文的好处是什么？

我个人认为，只讲"作文"实在太狭窄。 在十几年前，作文在大学入学考试里已经被叫作"语文表达能力"，也就是说，它是一种涉及内心情感、理性思维、归纳整理能力、阅读能力的多重能力指标体系。 重视作文的孩子或从小就经过写作训练的孩子，其在阅读、整理资料、省思及批判方面的能力都比其他小孩要强一些。

这几项特质，不就是现在的家长及老师们，常常感叹为学生所缺乏的基本能力吗？

◆

"第一次高中职免试升学"放榜，引起一片挞伐的就是"超额比序"的公平性。"超额比序"是指当报名人数超过招生人数时，决定录取顺序的标准。 其中，比序的内容按志愿顺序、就近入学、扶助弱势、学生毕（结）业资格、均衡学习、适性辅导、多元学习表现

（包含：日常生活表现、健康体适能①、服务学习、干部、竞赛成绩、社团、技职证照或资格认证）等。当然，根据第一次免试入学的结果来看，会考成绩与志愿顺序才是关键。

其中会考成绩的部分，语文、数学、英语、社会、自然这五科是3级分（A，B，C），每拿一个A得6分，满分是30分。以"北北基"②地区为例，若会考成绩同为30分，则看你的作文成绩。作文的分数维持过去"基测"③的算法是6级分。所以在这些地区，作文是5级分还是6级分，影响非常大。这也是目前为止，许多人高分落榜的主因之一。

因此很多人开始讨论作文的重要性。它的重要性何在？也有许多人因为文笔不够好影响了录取的成绩，便嚷着："我不希望以后连作文都需要补习。"

不过，就以我自己过去当作文老师的经验，从小就开始的"提早写作"训练，一直到高中为了升学而补习的"作文班"，其实，学生在作文方面的练习一直都没有停止过。作文一直是许多人在小学时期才艺班补习的一个选项。几年前，这个风潮曾经有过一次断层，初中到高中的升学考试不考作文，造成那几年学生的语文表达能力急速下滑，引起过许多家长跟老师的担心。

我经历过不需要考作文时补习班学生人数锐减的时候，也经历

---

① Health-related Physical Fitness 的汉译，是与健康有密切关系的体适能，指心血管、肺部和肌肉发挥最理想效率的能力。
② 台北、新北、基隆三地的合称，是台湾省的政治、经济、文化、交通中心。
③ 基测，指初中考高中的升学考试，每年5月和7月各举行一次。

过需要考作文,来补习的学生数量又渐渐回升的情况。但一直保持不变的就是,始终有一群家长认为"作文就是一件很重要的事",所以不论要不要考作文,他们都愿意把钱跟时间投资在这件事上面。

也许你会问,除了考试以外,作文的好处是什么?

在我个人看来,只讲作文的话实在是太狭窄。在十几年前,作文在大学入学考试里已经被叫作"语文表达能力"。重视作文或是从小经过写作训练的孩子,在阅读、整理资料、省思及批判方面的能力都比其他小孩要强一些。而这几项特质,不就是现在的家长及老师们常常感叹学生缺乏的基本能力吗?

不爱阅读文字,习惯于声色效果俱佳的影像,所以考试时常常做不完,因为连题目都看不懂。不练习整理资料,处于知识爆炸的年代,但又不会过滤及利用资讯的小孩,容易被牵着鼻子走。找不出重点,直接导致自己在阅读教科书及相关资料时"事倍功半"。

写作是一种思维模式的训练,在吸收一大堆东西以后,字字珠玑地表达出来,是一项令人称羡的能力。因为不管是考试还是写报告,我们都喜欢表达有重点、思维模式有组织性的人。

看到这里,如果你还是单纯地认为"作文"就是小孩在升学时的一门利器,那实在是太小看这一项能力了,因为"阅读"及"找重点"是在求学及工作时期都需要用到的两门利器。精辟的分析、富有个人特质的情感表达,不管是在考试时,还是做报告、策划文案、开会沟通时,都会带给你想象不到的正面帮助。

【该有的省思】

"第一次高中职免试升学"因为作文比序的关系,出现了有些人高分低就,有些人低分高就的情况,这让许多人又再次讨论起"作文的重要性"。除了语文老师以外,很多人只把作文看成一种"才艺",或是不得已而为之、必须要交的功课。但看到不论是初中升高中的考试,还是高中升大学的考试,乃至进入社会后,还是有不少求职考试需要写作文的情况下,就可以明白作文自有它一直存在的必要性了。

作文培养的是孩子一辈子都受用的内在基础能力。也许不能像英文、数学一样,能够让平时的成绩很突出,但它能够让学生至少在语文这一科上有较高的成就。在大学本科及研究生的教育中,考试不再是以选择题或简答题为主的形式,而是以论述题、学期报告的整理为主,乃至于进入社会后,策划报告及PPT的整理……作文能力好不好,其实早就已经在潜移默化中影响着大家了。

如果真的不想连作文都补习的话,就应该鼓励孩子多阅读书本、多写200字以上的FaceBook[①]近况,或是愿意写言之有物的博客文章、日记……这些都是很好的训练。因为即使是这样看似简单的练习,在现今LINE[②]、语音聊天、贴图资讯……席卷而至的年代,能好好写一段话表达自己心声或近况的年轻人,都已经算是要好好鼓励的好男孩和好女孩了!

---

① 美国的一个社交网络服务网站,大陆多译为"脸书网",主要创始人为美国人马克·扎克伯格。

② LINE是由韩国互联网集团NHN的日本子公司NHN Japan推出的一款通信应用软件。

第一章　21世纪的我们已经迷失了方向

第二节　满级分的迷思

"神魔学生"说：在校成绩对于是否能成功推甄①及通过"繁星计划"②申请进好大学有明显的帮助，所以高中三年，即使是每学期的小考成绩我都很重视！

"怪兽家长"说：念名牌公立大学省学费，念热门科系有前途，我希望我的小孩也能以这个作为升学的考量。

我常常在想，一直强调某学生在校期间表现优异，考试获得满级分③或是进入顶尖大学与科系，这件事有那么值得被大书特书吗？

为什么人们不是把关注的重点放在平常表现不甚出色的学生身上，看他们最后如何经过一番努力，找到了自己的人生方向和兴趣，进入适合的科系，向人生下一个阶段迈进？这样的思维不是更接近

---

① 即推荐、甄选的意思。在台湾，高中生要进入普通大学，必须先参加大学学科能力测试，之后凭此成绩报名推荐甄选或申请入学，类似于祖国大陆的自主招生。

② "繁星计划"最初为台湾"清华大学"于2006年发起，以推荐保送入学方式单独招生。2007年台湾教育主管部门最终核定12所学校实施"繁星计划"，这些大学包括：台湾大学、"交通大学"、成功大学、阳明大学、台湾"清华大学"、政治大学、中兴大学、"中央大学"、台湾科技大学、长庚大学、台湾"中山大学"、元智大学。

③ 台湾的大学学科能力测试（简称"学测"，相当于祖国大陆的高考）共包含五个科目：语文、英语、数学、自然、社会，每科15级分，共75级分。

于教育改革的核心吗？

认识自己、接受自己、突破自己，永远有信心地知道下一步的人生该怎么走，这才是让年轻的孩子们受用一生的态度！

◆

每年的春夏之际，就会开始看到一张张的红榜单贴在高中校园墙上显眼的地方或布告栏上，宣传有多少同学已经通过"繁星计划"进入顶尖大学，有多少同学通过推甄进入理想的科系，又有多少同学通过学测成绩申请到了世人眼中的好学校或好科系。然后，媒体的焦点会放在一大堆数据上：某所高中的名牌公立大学录取率高达百分之多少；某所高中满级分的学生是怎样念书取得这样的好成绩的；顶尖大学的一等科系经过了多少满级分学生的激烈比拼，最后筛选出一等一的学生进入神圣的殿堂……

不知道有多少人会觉得这些资讯"非常诡异"，在我看来，甚至根本不该有如此受注目的焦点。可是好学校与好成绩，依然还是家长及大众对一个学生在高中三年努力成果最普遍的评鉴。学校也认为，要让自己更有竞争力，秀出这些数据是最直接有效的宣传。

为什么没有人思考，如果成绩这么重要，当初为什么要搞"教改"！

"教改"已经进行了十几年，为什么没有人走出分数的迷思！在教育职场里的行政人员与教师，一边上行下效地落实"教改"政策，一边又对于这样的改变有着相当多的疑惑与不认同。

第一章 21世纪的我们已经迷失了方向

"矛盾"这两个字大家都会写，也懂得其意思。在《秘密》①一书里的"吸引力法则"中就曾很明确地提到，如果你全心相信，那么整个宇宙都会来助你一臂之力；反之，如果你不断做着自相矛盾的事情，那么你担心的事情它就是会发生。举个例子来说：你一边锁车门，一边又担心这个区域的治安不好，锁好的车子会被偷，那么这就是自相矛盾，最后车子被偷的概率会远高于相信锁车门就是安全的人。

这个情形不就是现在教育现场的写照吗？一边改革，一边又担心成果会不如预期；一边高嚷着改革，想缩小教育差距和实现学生素质的均衡多元发展，但实际上是搞出更多的游戏规则来保护名校或条件好的学生。所以，许多人怀念过去高考的时代，如果分数那么重要，就回归过去"一翻两瞪眼"的"一纲一本"、一考定生死的时代，不是容易得多？

在这个被批评得体无完肤的"12年国教"里，会考成绩放榜，结果让很多人掉了一地的眼镜。教育改革制度乱七八糟，"教改"的理念跟执行完全不平行。但是，新闻报道不断地指责这次"教改"因为作文比序及语文、数学、英语、自然、社会的学科比序，还有敢于填志愿的人如何如何……导致许多考了5个 A^{++} 的学生念不到前三志愿。我个人觉得，这样的言论还是不要再扩大渲染了。

关于这次"教改"的很多瑕疵大家已经都知道了，但是所有的事物都是一体两面的，为什么不报道有一些学生也许学科成绩不够

---

① 澳大利亚作家朗达·拜恩的一部畅销书。

好，但因为他的作文或是某科的比序较高，或者是他担任干部及其他课外的表现，因此考上了比他预期中还要好的学校呢？相信很多原来不是那么"精英"的学生，也因为这次"教改"，意外地考上了他永远都想象不到的学校。

在同年龄的西方学生中，极大部分的比例都是自己负担大学以后的学杂费，而中国台湾的父母却要为小孩操心学杂费的事情，一直到他们大学毕业甚至读完研究生。被家长一手保护到大学毕业的学生，就算念了顶尖大学毕业，瞬间走出温室，进入残酷的社会，能适应良好又能乐于工作的比例有多高？大家心知肚明！

反之，"啃老族"的趋势是怎样的？大家也都不是没有担心过。如果社会现状已经是这样，那么这就在告诉你"大众的价值观已经错了"，为什么还要继续强调不合时宜的价值观，让大家一起走入误区呢！

【该有的省思】

每回走进捷运①站里,或者看着疾驰而过的公交车,甚至站在公交车站牌下等车时,常常都会看到补习班的广告,不管是名师也好,还是考上明星高中的学生人数、各类大考成绩满分的人数……但这是私人经营的补习班,很实际地是为了招生,所以他们的确有这样打广告的需求。可是,当你经过各公立初中、高中的校门,一条条比大气、红艳无比的榜单像墙面一样地挂在教学大楼的外面、校门口外的公布栏,一切都在大鸣大放地告诉大家本校考上好学校的人数是多少,考取名牌大学的人数占本校考生人数的百分之多少。甚至各大报纸的教育新闻记者,也都在找这样的题材当新闻来写。不知道有多少人跟我一样,觉得这样的内容跟现行的教育政策完全是背道而驰的!没有人思考这样的现象到底该不该继续毫无顾忌地出现下去。

举一个很简单的例子,在网络上贩卖任何药品或化妆品,依照相关规定:"化妆品广告应先申请主管机关核准,违反者可处五万元以下罚金。"至于为什么会有这样的规定,是因为主管部门规定:"产品之标示以让使用者了解产品为目的,而非广告及宣传的作用,故应以用途为主。"如果以此类推,学校在宣传上只能陈述该校的历史、行政单位与教学单位、校园设施、师生比、历届班级数量及学生人数等这些资讯。如果要张贴本年度考取某些明星高中、名牌大学的学生比例达百

---

① 台湾的城市快捷运送系统,全称为"台北都会区大众捷运系统"。

分之多少，这样具有提升对学校录取观感的宣传，都应该要报教育管理部门核准才能准予张贴。

　　上述举例，不知道有没有人能认同。在我看来，如果"12年国教"的目的是破除明星学校垄断局面、适性教育、多元化学习与评价……那么现在我们天天看到的挂在学校外面的广告，应该多数都不符合政策方向，反而与政策宣导背道而驰。我们都知道，网络上的商家一旦涉及宣传违规就要被罚款。那么，如果真的把"12年国教"的理想当成必须要达成的目标，相关教育管理部门是不是也应该要对学校自行张贴宣传广告的行为进行处罚呢？

第三节　专家学者的话不是圣旨

在现今"一个招牌砸下来都要死十个硕士"的时代，我们的社会早就不像一百多年前的封建王朝那样，文盲与知识分子占人口的比例悬殊。"万般皆下品，唯有读书高"这样的腐朽思想，早就应该消失！可是我不懂，为什么还有很大比例的家长的思维模式没有及时更新？

简单来说，让台湾人自豪已久的高教育普及率及高学历化是一个事实。那么，这就代表着一般百姓与专家学者间的差距其实已经不像一百年前那么悬殊。再加上社会资讯的丰富程度和接受讯息的速度，专家和教授在这一部分其实并没有特别不一样，大家应该做的就是提升对自己的信心。

基于"匹夫有责、热心公共议题"的心态，就该有条理、系统化地在可以决定事情的地方把意见表达出来，而不是躲在网络后面，把神圣的发言权跟决定权留给专家和教授们！

◆

相信大家都不陌生，无论发生什么事情，举凡政治、经济、教育、文化、天灾人祸……在我们的政论节目或是报章杂志里都看得到那些所谓的专家学者的言论。接着，我们培养出"以名嘴治天下"的奇妙现实。

没办法成为专家学者被邀请上报章杂志发表高见的，就成为广大的网民，躺在网络后面肆无忌惮地发表言论。尖酸而无实际帮助的批评，永远都比赞美或是平心静气的检讨文字来得多！

我不懂这些专家学者，一来没有站在教育现场跟"神魔学生"们每天相处，二来甚至都没有教育专长的背景。拿着教授证的教授们，你们真的知道中等教育需要什么吗？

初中领域专长教师证、高中专门科目教师证……这些至少都是中等教育的老师们修了学分，经过半年至一年的实习，日积月累得到的一项技能凭证！可是当有重大教育改革或是召开日常的地方教育会议，有多少次是身处一线的平凡老师们可以进去参加，并且发表意见，而且意见是会获得政策决定者的参考的？

当中等教育出了问题，就找大学教授来开会，讨论问题，付给他们出席费、餐饮费、差旅费，配合教授繁忙的行程去安排开会时间。为什么没有人找初中、高中的老师来开会，讨论问题究竟出在何处，然后作为日后"12年国教"的系统化资料库呢？至少"12年国民教育体系"的老师们，出席费不用那么高，而且可以言之有物，直指问题的核心！

只要面临任何一项重大议题，大家脑中都会被"植入芯片"，认为专家和教授的话是圣旨的人还是不少，相信着来自学术最高殿堂的他们，一定会有过人的见识及平凡老师们想不到的问题核心。

但是，专家和教授们多半也是比乖乖牌[①]、"小白兔老师"，在学业历程上更一帆风顺的人！还有很大比例都喝过洋墨水。也就

---

① 指很乖巧、听话的人。

是说，有部分专家、教授们的学业历程，有一段时间还不是在台湾接受教育的。

即使他们真的非常优秀，但在面对教育现状的时候，我们需要的不是优秀的钻研学术的脑袋，而是懂得"学习低成就，学习环境欠佳、城乡差距"这些每天存在于各个角落的问题的人。要能够有同理心，甚至跟这样的孩子有过同样经历的人，才能设身处地地为他们解决问题。坐在配有空调的研究室里的教授们，说真的，与这些孩子还是有很大一段距离。

还有一部分年轻优秀博士，在经历了一番寒彻骨后终于有了讲师或助理教授的身份，他们是在大学里面最容易面对大一学生及通识课程的师资。因为越资深的教授们，选择上专业学分、指导研究生论文、接"国科会"①或其他单位项目、在职专班授课的机会越是多。换句话说，这些年轻的博士们，是大学殿堂里最接近高中毕业刚上大学学生的百态的一群人。如果是让他们去开相关的专家学者会议，说不定还可以讨论一些更实际的教育问题。

但是，"流浪博士"的问题甚至比中等教育里的"流浪教师"更为严重。年轻博士们投资了更多青春岁月及学费，可是永远只能在各大专院校做兼职，在学校甚至没有自己的一张办公桌的年轻教授大有人在。因为不是专任，所以他们也就不会进入所谓的"专家学者"开会名单之列……凡此种种，把专家学者的话当作"圣旨"，到底是幸还是不幸？

---

① 指中国台湾省科学技术委员会。

【该有的省思】

　　英国在19世纪时，因为受到工业革命的影响，产生许多新兴城市以及衰落的市镇。但是，可以代表当地到国会表达意见的代表人数，并没有因为人口的增减而有所改变。所以从1832年起，英国通过了《第一次改革法案》，一直到1884年通过了《第三次改革法案》，在这50年左右的时间，英国扩大了选举权，从享有财富的布尔乔亚（资产阶级）普及到乡村地区的农民都具有选举权。如果以这个例子来省思台湾的"12年国教"，能够进入教育管理部门开会、讨论教育政策的人，有几个是一般身份的老师？

　　教授、官员、校长、主任……都是会议里的要角，但什么时候台湾的教育改革会议，也能扩大参加人员至普通教师，甚至代课教师呢！

　　1823年美国的门罗总统（James Monroe）发表了著名的《门罗宣言》，重点就在表达美洲事务由美洲人来处理。那么同理可证，教育方面的事务就应该让一线的教师有进教育部门表达意见的机制。顶着各种光环的非教育专长类的教授，就请你们继续在你们自己的专长领域里发光发热吧！

第四节　老师不是青少年大型托儿所的保姆

"小白兔老师"说：寒暑假，就是该背起行囊出去探险当背包客，请不要把学校当青少年的大型托儿所。

"神魔学生"们说：钱呢？老师你付钱我就去！

相较于过去的社会，现在家庭教育的功能渐渐减少，所以花钱把小孩送到可以托付的地方，家长可以放心地去上班赚钱，小孩也相对地减少犯错的机会，但这样为小孩安排的学习生活，到底要替他们安排到几岁？

在国外，十六七岁的青少年，很多人已经背起行囊，来个一两个月的背包旅行，以极简的生活态度，去体验极广大丰富的世界。而中国台湾的青少年们，却被半强迫地送进学校这个"大型青少年托儿所"，不然就是继续留在网络及动漫的世界度过这宝贵的青春岁月。想想很令人叹息，教育改革似乎没有对这一块有显著的帮助。

也许你说办课外辅导班是不合法的，也有很多学校不用上这些课外辅导班啊！但只要成绩取向一直存在，只要好学校取向一直存在，那么这些表面上有意义的事情就永远不会真正的消失。因为到底能有多少父母可以给孩子足够的勇气，告诉他们："孩子，你趁年轻走出去看世界，比待在学校拼成绩来得有意义，对人生的规划及梦想有更大的帮助……"

至少到目前为止，我们普遍看到的还是父母千篇一律地说"不要打游戏！去念书！没有好成绩就没有好学校……"诸如此类的话。但父母们！你们知道吗？这年头，好成绩与好学校已经不能跟好人生画上等号了！

如果好学校与好的学业成绩是那么重要，那么社会上为什么还是有那么多不快乐的人或是对现实不满的人？因为他们失去了梦想与规划人生的勇气，失去了解决事情的能力……撇开好成绩或好学校，他们其实不知道"我是谁！"

◆

有寒暑假，大概是所有人最羡慕老师这份工作最重要的一点。但如果我告诉你，就因为有寒暑假，所以老师永远跟樱花与枫叶无缘，永远要在机票和跟团费最贵的时候，顶着大太阳或是迎着极度寒冷的空气去旅行，你会觉得这样很好吗？更重要的是，如果我告诉你，老师的寒暑假并不是十足地在放假，大家知道吗？

关于寒暑假这件事，要分几种角色分别来探讨。

一、如果是正式教师，面对成绩至上的思想，以及现在大多数是双职工家庭的社会形态，不想让孩子在家打游戏、看电视、吹空调增加电费账单数字，最好的办法就是，即使放了寒暑假，还是把小孩往学校送最简单。如果你是正式老师，说"不"的权利就渐渐地从小声变无声了。寒暑假要来学校上额外的课外辅导，成为正式教师心中的噩梦。虽说有一笔额外的收入，但我相信很多老师是宁愿不要这笔收入而想要好好地放个假的！

二、如果是代课老师，暑假就是聘约到期的时候，有很大一部分的教师在 7 月初就直接转第六类健保①，意思就是没有薪水，直到你的下一份教职在 8 月底之后开始，才又有劳保出现。

对学生而言，好不容易熬到放寒暑假了，却还是要乖乖回学校上辅导课，内心应该也是百般不情愿。但是依照现在小孩普遍自我控制及规划能力不足的现状，他们也只能用被迫的方式，到学校"没鱼，虾也好"地多上一分钟课是一分钟，至少还可以跟同学一起说说笑笑，也算另一种暑假生活。但是面对每次都无法摆脱的课外辅导，我不禁想说，这个跟把小学生送往安亲班②的模式有什么不一样吗？

我不知道学生心里对于辅导课这件事的想法是什么，因为真的没有那么多能自律及安排自我时间的学生，还可以完整地拥有课余时间。我也不知道家长对于上辅导课这件事情，除了把学校当成青少年托儿所之外，还有其他什么想法。如果你支持"教改"的理念，那么就不该期望学校老师利用该放假的时间帮你的小孩提高学业成绩，因为分数不应该那么重要，否则要"教改"干吗！

---

① "全民健康保险"，是实施于台湾地区的社会福利制度。其涵盖的强制保护对象，依身份分为六类：第一类为有雇主的公立及民营机构员工；第二类为无雇主但加入了行业公会的人；第三类为农业、渔业从业人员；第四类为服兵役及替代役的人员；第五类为符合法律规定的低收入者；第六类为退伍军人及其家属，以及不属于第一到第五类的人。

② 类似于祖国大陆的托管班，主要目的在于协助父母照顾和教导学龄儿童。

【该有的省思】

如果说"12年国教"的核心是适性教育,而补救教学又占其中重要的一环,那么既然家长这么需要大型青少年托儿所,就把寒暑假的校园打造成"专为需要补救教学的学生"再来设计内容。辅导课不能上新的进度,成绩在标准线以上的学生也规定不能参加,这样勉强还有寒暑假来上辅导课的意义。

如果真的只是把放假中的学校当成廉价补习班来用,那么就请提高辅导班的学费,给予授课教师与私立补习班教师的钟点费相同或更高的薪水。如果家长觉得这样不合理,学校不能变成营利单位,那么就请让学校只做学校教育规定内该做的事,不要再要求学校教育能再提供什么额外服务;学校也不需要害怕没有提供这样的额外服务就会降低竞争力,影响未来招生的人数。

因为学校教育就是学校教育,坚守本位立场,是做对的事情。为了预设性问题而先歪了上梁,确定的结果就是下梁也不会变正!

所以,提高辅导课收费只是一种抵制行为,老师们并不是想以此为营利手段,这样的想法我不知道多少人能同意。但"12年国教"的初衷不就是将高中社区化,打破所有关于明星学校的迷思,让愿意升学的学生适性发展、选择适合的学校就读吗?这几句话现在听起来很讽刺,因为刚结束的第一代"12年国教"的"白老鼠",早已经被分级了再分级。

但理想不能抛弃,重点是学校、家长愿意付出勇气向错误的价值观说"不"！只要踏出第一步，即使当下的变化及成效很小，但改变终究会在不远的将来发生。教育本来就不是商业市场，不能要求在三年内甚至一年内看到成果，请把社会氛围里偏执的短视近利这一点，一同努力地赶出校园吧！

第五节　被绑架的暑假

"小白兔老师"说：我帮你们，谁帮我们？

"神魔学生"们说：学校老师跟补习班老师说的，我到底要听谁的好？

6月放弃免试入学→7月特色招生考试→特色招生成果仍不尽理想→8月第二次免试。

为升学填志愿等放榜＝被绑架的暑假。

◆

根据教育管理部门公布的"第一次高中职免试升学"的考试时间进程安排，经历过6月20日风风雨雨的放榜结果后，接下来就是考生们要考虑是否放弃免试入学，并且在6月25日以前完成特色招生的报名。接着在7月12～13日进行特色招生考试，7月25日寄发成绩单，考生们在第二次煎熬下填志愿卡，一直到8月4日放榜。

如果特色招生成果仍不尽理想，第一次免试升学的学区属意的学校又已额满，就要再进行第二次免试升学填志愿卡的动作，一直到最后8月14日放榜日，才会放下自春天以来就开始，沉在几十万个家庭心中的一块大石头。

第一章　21世纪的我们已经迷失了方向

　　回过头想想那个实行联考的年代，7月初的考试，"一翻两瞪眼"。　虽然总有人意外落榜，但明年东山再起，目标直接干脆，至少大家内心的想法是坚定的。　成果好与坏，操之在己，怨不得别人。　反观现在那些说着要替学生减轻负担、多元化的升学考试，却绑架了许多十五六岁学生的暑假——这个一生只有一次，刚结束初中沉重的学业负担，可以好好充电放松的十五六岁时的暑假。

　　"绑架"暑假的背后推手，除了有着许多瑕疵的免试升学政策之外，补习班的庞大势力也不容忽视。　相信大家还记忆犹新，第一次免试升学报到日结束后，"北北基"的某些明星高中，报到率不及七成。　许多人是被填报志愿序弄得一头雾水，所以不敢冒险；有另一批人则是在补习班的建议下，对于学科能力好的同学，鼓励他们拼特色招生。

　　在安亲班的需求已经从小学延伸到高中以后，除了高中老师已经渐渐有保姆的成分以外，可以保证学生放学后的课后时间、加强学习、名师解题、勾重点、教填志愿……这些一直都是补习班服务的目标与成果。　因此很大一部分学生的升学计划及志愿序，补习班是背后的推手。　因为父母想帮忙却心有余而力不足，所以交给专业的补习班提建议，似乎是不错的方法。　不得不承认有很大一部分的学生及家长，对补习班老师的信任程度远比对学校老师要高。　我不知道这是为什么。　也许是因为付较高的学费，相信成果会比较好也是人之常情。　所以很多人在问：这样让人心神不定又不信任的免试升学，在明年、后年甚至以后，究竟体制内的老师可以帮助学生跟家长什么？　其实，我们无法具体地说出来，因为老师也是在这样一个混乱体制下"被绑架"的一群人呀！

至于你问，哪些学校可以举办特色招生？顾名思义，就是该校除了一般学科教学以外，在体育、音乐、美术等艺术科有显著专长者。那么，特色招生的资格是怎么来的？当然就是在实施2014年免试升学以前，教育管理部门已经在全台湾各大高中职做过各式各样的校务评估。不可否认，如果还想保留筛选及过滤入学学生素质的话，各个高中职应该都会尽最大努力通过各种评估，获得特色招生的资格。

【该有的省思】

本来一次考试就可以结束一个学习生涯段落的教育制度，在社会风气开放，必须跟着与时俱进的改变声浪下，教育从"一纲一本"变成"一纲多本"。

九年一贯课程延伸到高中课程的问题还没有解决（程度及教授范围的内容及难易度，充满更大的落差），加上升学考试从一次性的联考变成两次的"基测"。一直到2014年的会考与第一次免试升学＋特色招生＋二次填志愿卡的免试升学。如果你不是那么幸运，就必须变成"经过三次的煎熬"才能进入一所"你可能不是那么喜欢的学校"的状况。

虽然，打破明星高中教育垄断的初衷是正确并善意的，但在老师、家长与学生的脑袋还没有足够的时间去消化这样的改变前，这样的改变势必造成被放大检视与批判的结果。

也许成果不能只看眼前。因为不同的选择方式使他们进入意料之外的学校，擦出意外的美好火花，使得三年后或许会有新的一批不同特质的学生进入大学殿堂。也许社会舆论在批评告一段落之后，应该要给"伤停补时"，让还没有时间好好沉淀、思考该怎么接受现实的学生及家长去面对已成的事实。过程永远比结果重要，也许过程辛苦，但我始终相信在年轻的时候遭到挫折或吃苦的人，是受上天眷顾的人。永远保持正面态度面对顺境与逆境，是不管几岁的人都需要有的生活态度，不是吗？

第六节　鱼与熊掌不能兼得

"小白兔老师"说：当社会大众一件件地拿走对老师应有的尊重及管教的权力时，就不该期望让学校成为家庭教育的附庸。

"怪兽家长"们说：我的小孩我知道怎么教，老师你只要帮助他有好成绩就行了！但是如果我没时间管教我家小孩，帮忙管教学生就是老师该有的责任。

在无限上纲的民意及自由意识的现代，到底有多少人审视"自由，到底该被怎么妥善使用？"在你我喊着"自由价更高"的时候，至少我们都知道最简单的一点是：它要在不妨害他人的前提下才成立。

如果我们这样来区别，满20岁以上即为具有投票权的公民，这些人在思维能力及基本知识方面都受过基础训练的前提下，可以较为完备地思考事情。那么，在他们还没满20岁时，正处于半懂半不懂的懵懂青少年时期，难道不需要学校教育及家庭教育去帮助他们建立基本的公民意识及前提知识吗？

如果大家都觉得这样的说法是中肯的，那在未满20岁的人的学习期间，教导者需不需要被授予更多一点的权力来执行他们的工作？需不需要得到更多一点的尊重来支持他们继续在这个岗位上努力干下去？

第一章　21世纪的我们已经迷失了方向

◆

有句话说："砍头的生意有人做，赔钱的生意没人做。"但我一直认为从事学校教育的老师，就是一群常常在做赔钱生意的人。

20世纪以前的尊师重道，让老师虽然在实际薪资上不敌科技业或是任何金融界、工商界人士，但获得的尊重，使得其在看不见的财富这一块是富足的。

但随着强调"人本教育"及"人权自主"的声浪成为主流，教师的管教权被一件一件地拿走。不能体罚、骂人，加上在盛怒的当下，还要记得遣词造句及说话态度，老师在职场上能行使的方法被一层层剥去后，面对21世纪，资讯及世界变化如此之快的时代，社会能期望老师有什么三头六臂去面对现代的教学环境呢？

不能打、不能骂，不能让学生做过多的劳动、不能晒太多太阳、不能给他们太多功课及考试，大众有这么多的"不能"，那就要有心理准备，教出来的结果并不一定会如你们预期。

当孩子的发展最后不如你想象时，教师曾经做过的努力，却仍然需要得到家长及社会大众的认可。当大众拿走教师专业中包含的部分管教权时，就不能期望学校教育成为家庭教育不足之时的附庸，因为"鱼与熊掌不能兼得"！何况当老师并不是一项可以"为达目的而不择手段"的工作！

家长希望孩子具备成绩好、多才多艺、人际关系佳、主动积极等这些优点，在许多不够积极或不懂得自我安排的学生的现况之下，真的还是需要老师强制力的介入！

法国大革命期间，罗兰夫人（Madame Roland Manon Jeanne Phlipon）曾说过一句名言："自由，自由，多少的罪恶假汝之名而

31

行！"如果自由被滥用会带来不幸，那么就该收起部分的自由，直到他们足以拥有。能以自由的美德正面影响社会，用每个人的力量将社会向上提升，才是自由的真谛。

【该有的省思】

依照2014学年度的"12年国教"游戏规则:"北北基"地区"志愿序、多元学习与会考"三大项为主,其中多元学习表现(包括奖惩记录、均衡学习、服务学习)占40%,志愿顺序占30%,会考成绩占30%。

目前大家关心的会考成绩,仍然是能否进入明星高中的主要参考数据,依照精熟6分、普通4分、待加强2分,总分30分加上作文级分,比完如果仍然难分轩轾,就以语文、数学、英语、社会、自然为顺序去做比对,如果再加上作文纳入比序都无法分出高下,最后只能采取电脑抽签。

至截稿时的现实情况是:"北北基"以作文为优先比序,未来其他县市也考虑把作文加入优先比序的行列。

虽然这些游戏规则,大概只有设计程序的人跟电脑懂,但在这里我想说的是,作文比序优先,以及语文、数学、英语、社会、自然的比序顺序到底是怎么被设定的?当然,我个人认为每一门科目都有其重要性,但为什么是这个顺序?

依照现在的社会氛围,我很认真地、必须要王婆卖瓜似地说:"社会科"(历史、地理、公民)的重要性相当需要被提高。因为台湾社会言论高度自由、依靠媒体监督,如果社会已然是这样,我们能做的就是提高自己的公民意识,至少明白什么是思考,什么叫思考过的个人意识及言论。

常常有学生在抗议"学历史要干吗?""学过去的事要干吗?"套句18世纪作家弗朗西斯·培根的名言:"历史使人聪明,诗歌使人机智,数学使人精细,哲学使人深邃,道德使人严肃,逻辑与修辞使人善辩。"

启蒙运动是理性及科学思维的根基,也是奠定西方世界民族革命的思想基础。如果你认为西方世界有许多值得我们效法借鉴的地方,就不能忽略这个奠定近代欧美世界的重要基础。"社会科"这门学科不能直接让你赚钱,但是能训练你的思维模式,让你在思考后提出问题,借由过去来反省现在……它能给的财富是看不见的心灵财富。

　　现在社会上有这么多盲从、这么多不知所以而为之、这么多打着"自由"的旗号却做许多矛盾事情的人,"社会科"的重要性难道不应该被提高?这个永远被理工取向的人当成不重要科目的学科类群、被很多其他科目当成调剂品的学科,它在现代社会的实用性,真的比你想象的要重要得多!

第二章　误闯21世纪丛林的"小白兔老师"们，想回家

内在已失去热情，不胜任且没有经过职业性向测试，又有多少老师能毅然决然地离开教职？

第一节　老师都是乖乖牌！

"小白兔老师"说：我一生都是循规蹈矩的，真的很难想象规矩以外的奇幻世界。

"神魔学生"们说：求学路途大多数都处于一帆风顺的老师，真的很难了解，乖乖牌以外的世界，成就感是来自何处的。所以当我打"神魔之塔"①和"英雄联盟"②得到高成就感，"小白兔老师"们无法认同。

如果有至少一半的老师，他们过去经历过留级、落榜、中途辍学、延迟毕业等求学经验的，那么，对于现在的教育会不会有意想不到的正面影响？年轻时曾跌倒过的人，知道需要站起来的方法与勇气，用他们现身说法的人生经历去直接影响学生，应该是远比对着课本或新闻的范例来得有效果，并更具启发性。

虽然开放师资培育体系已有多年，使得不是师范体系毕业的学生也能有资格进入中等教育的职场，但是不可否认，师范体系毕业的老师仍占多数，也是中等教育学校的主流。能够念到师范体系毕业的老师们，绝大部分过去都是佼佼者，至少在从小学到高中的学习过程中，都是令老师和家长不用过度担心或管教，是老师放心又

---

① "神魔之塔"是一款益智手机游戏，由香港 Mad Head 公司开发。
② "英雄联盟"是由美国 Riot Games 公司开发，腾讯游戏运营的英雄对战网络游戏。

信任的好学生们。学业成绩保有一定的水准，品行的评语应该都是跟"循规蹈矩""敬业乐群"这些不会有太大差距的词，所以在求学生涯的部分，可以说是距离"一帆风顺"最为接近的人生。

这样的乖乖牌与好学生，等他们当了老师以后，一开始仍会以他们自身的成长经历来看待他们所面对的学生。因此，到了"神魔学生"们成倍数增加的现在，从乖乖宝长大的老师得要经过好长一段适应期，又或是一辈子都没办法理解，"为什么现在不是'小白兔学生'的世界？"

也许文科的老师在过去的学生时代理科的成绩不好，但他们绝对是认真交作业或是不会在上课时过度造次的学生。也许理科老师背诵记忆类的科目较差，但他们也一定会是尽量让文科成绩能在及格分数以上。

在20世纪，大学联考①升学率不到20%的年代，在当年能够成为一名未来的教师，可想而知要付出多少的努力！也因此到了21世纪，当新入职的老师们遇到了与过去的自己截然不同的学生们，迎面而来的就是头痛与沮丧，且还需要不断地调适自己与调整对学生们学业及品行的期望。

对于学生而言，他们的人生没有经历过20世纪那样的时代，要他们去合理想象当年的乖孩子们是怎么度过辛苦的求学生涯的，也实在是为难他们。因此，在互相无法以同理心去理解对方的背景条件之下，摩擦及困难是不会少的。

如果能从不断强调老师是从哪些名校毕业，或是本校教师有多少比例是研究生以上师资的价值观，改变成"如何从学习成就感低

---

① 指全面实行"12年国教"以前台湾的大学升学考试。

或是从不当的学习态度,进而成为师范表率"来宣传,是不是会对现在的教育有更意想不到的帮助?

　　传统的社会价值观都喜欢隐恶扬善,喜欢将焦点放在极好与极坏之上,但当中庸状态才是为普遍大众所喜爱时,我们的价值观难道不需要做出适度修正? 当师范体系的老师们并没有觉得自己真有那么厉害的同时,其实是真的有极大一部分人认为这是一辈子都到达不了的高标准。

　　从乖乖宝长大的老师们,何不趁面对"神魔学生"与"怪兽家长"的现在,放开心胸去拥抱不一样的世界!

第二节　老师们没有做过别的工作，能胜任吗？

"小白兔老师"说：我一生只做过这一份工作。
"神魔学生"们说：你只做过这份工作，凭什么告诉我将来适合踏入哪种职场！

为了避免后悔，我一直都认为二十几岁的年轻人，在没有经过其他社会历练，或是没有在其他险恶职场待过的情况下，就变成稳定的公务员和教师，是很遗憾的。

一如文艺复兴时期著名的《君王论》作者马基雅维利在书中说道："当一个君王必须要比狐狸狡诈，比狮子还要残暴。"如果你不曾经历过那样的现实，你要怎么告诉学生将来如何面对毕业以后的社会？如果你不曾经历过那样的磨炼，你要怎么面对"三教九流"的学生？他们有些人比老师还要见多识广。

如果你的一生只做过老师这一份工作，你永远只能以亲友或朋友的朋友来当例子，告诉他们这个社会是什么情况。在资讯如此发达的时代，真的！要让学生打从心底"臣服"于你，要花很多很多的心力。因为有的时候，你连你自己都说服不了。所以，"累"是必然的，心累了，什么都不同了！

◆

在老一辈的传统观念中，一个人如果能一生只做一份工作，然后退休，代表这样的人生很稳定，这个人的个性很务实，是值得信任的人。

反之，在看履历表时，如果发现眼前的这个人五年内换了三份工作，而且工作属性不尽相同，就会开始质疑他是否定性不够，或怀疑他的专业是否有问题。 以上的想法都属于合理想象，毕竟只看履历表，真的很难了解这个人到目前为止的一生。

因此绝大多数的老师，一生都只做过这一份工作，即使对现实的抱怨多于快乐，但在面对梦想时，他们还是会想"等到退休的那一天"再来实现。 我非常佩服教育工作者在这方面的定性，因为我一直不能理解，三十岁、四十岁、五十岁、六十岁的梦想，怎么会是一样的？ 如果要等到六十岁，那么我三十岁、四十岁的梦想是不是就该被迫妥协与放弃？

也许你会说，经济负担、上有老下有小、每个月的贷款……这些都是不能现在就去逐梦的理由，所以才要"死守四行仓库"，咬牙撑下去，但是如果连自己都说服不下去，你又怎么能当其他人的支柱！

所以，"稳定、保守性格特质的人"是成为教育工作者的首选，但是有多少老师在进这道窄门前做过职业性向测验？ 一次就要决定一辈子事业的事情，却没有一个性向测验来辅助认识"这个人究竟适不适合待在这样的（教职）职场？"

我个人一直在想，为什么这件事情似乎很少被人拿出来讨论或思考。

进入（教职）职场后，在不适合、不胜任的情况下，又夹杂着多少"请神容易送神难"的难处与人际关系的敏感！ 此外，又有多少人（老师）能毅然决然地离开不适合的工作，去寻找人生的第二个春天？

如果大众的价值观是正确的，那么这个社会应该是快乐的人比抱怨的人多，平和的氛围比批评与谩骂多。如果你真的喜欢自己做的事情，并且从中能得到自己认可的成就感，那么收入的多与少，是否要迎合大众的价值观，就不是那么重要了。同时，这样的勇气，是需要自己走过许多错误的路，跌倒了又站起来，才能累积出的能量与自信。

第三节 没有书商给资料就失去备课方向！这老师还会教吗？

"小白兔老师"说：书商不就该主动来问我们还缺什么吗？
残酷舞台上的白领说：老师真的很好命！

这几年课程大纲不断地被修改，常常是这学期还无法看到下学期的课本长什么样子。书商们为了让老师们提早选定自己的书，会在学期中轮番上阵地拿出样书或样卷让老师们参考。这时候每个老师的桌上都是堆积如山的教材，不管有空看还是没空看，这些最后都会变成废弃资源被回收，有时候真的觉得好浪费啊！

由于课程大纲不断在改变，这一届的学生没办法把书留给下一届的学弟学妹，加上书本的成本不断提高，教科书成为学生及家长另一项经济负担，这不就是跟倡导环保、爱地球、省能源的诉求全都背道而驰吗？

◆

自从告别了"一纲一本"的时代以后，教科书市场变成战场，像君士坦丁堡一样成为兵家必争之地。众多教科书出版商为了分食这块大饼，铆足全力地做好各种完善的配套措施，无不希望每学期选用教科书时，老师们能够"钦点"到他们家的教科书。

综观书商准备的教科书配套措施有：学生版的教科书、教师版

第二章　误闯21世纪丛林的"小白兔老师"们，想回家

的教科书及教师手册，另外搭配了学习手册或图表册让学生做课后练习，当然考卷也是必要的。以上所说的，都一定要同时有所有资料的光碟版以及题库光碟，这些算是老师们的"必备武器"。

此外，书商还要隔三岔五地编写一些补充教材，比如，配合时事做专题报道的期刊或光碟供教师们参考；又或者是做学测或模拟考的题库与解析，这一切都是必要的。另外，网站的制作，提供可供教学使用的影片资料，也是教师考虑选用该家出版社教科书的考量之一。教科书的编写人通常都会请大学的名教授当主编，专家教授们再带着自己的研究生子弟兵接下出版社的"订单"，编写高中教科书。至于整理复习的讲义，则常见到高中名校的名师来作为编撰的老师。

除了这些书面上的工作以外，书商还必须要每周有固定的几个时段到服务的学校去做售后服务，同时不断地询问老师们是否还需要什么教材。大一点的书商，还会针对每一科的属性，邀请该科的专家去做教师研习的讲座，看到这里真的觉得书商服务周到的程度，都要超过百分之百了！

老师基本上就是在学校里，看着书商向他们提供教材使用上的优缺点建议，接着，书商下次就会准备更周全的"装备"来替老师们解决问题。当然如果下学期学校选了别家书商，校园里说不定还会延烧着各家书商之间的斗争，这时候"小白兔老师"们就会有遭受池鱼之殃的痛苦。

许多老师甚至都被书商宠坏了。我常常在想，如果这些书商没有提供那么多的后续服务，只是在开学前把教师使用版跟学生使用版的教科书准备好，那么，是不是有很多老师都不知道该去哪里找备课资料和课堂的补充资料？会不会有很多老师连重点在哪里都不知道？

身在台湾的幸福老师们也许不知道，很多地方相当缺乏这些基本的教学资源；至于我以前在马来西亚乡下的华文学校担任校长和同时任教高中华文及高中历史时，我的手上只有一本传承多年的教科书。如果有一天我不教那个年段的科目时，教科书就要缴回学校，留给下一位老师使用。所以，举凡备课、补充讲义、各种大小考试的出题，全部都要像20世纪80年代以前的老师一样，得一个字一个字地自己敲打出来。为此，第一年在当地教书的我，常常一整天都是坐在电脑前面准备上课资料，一直到晚上。

　　在台湾，还有的书商为了跟学校的老师们博取感情，甚至当起了老师们的采购员，举凡团购美食或是COSTCO[①]的家用品采购，例如将一大袋卫生纸扛来老师的办公室，一包包地分给向书商订购家用品的老师们，看到这里是不是都傻眼了！

　　部分台湾的老师，说实在的，有时候真的幸福过了头，以至于大部分的老师都没办法离开这份工作，因为在外面的残酷舞台，可不是所有人都有熬出头到可以随时使唤别人的那一天啊！

---

　　① 美国最大的连锁会员制仓储量贩店。

第四节　老师们只想教好学生？

"小白兔老师"说：可不可以只教好学生？
"神魔学生"们说：不是"有教无类"吗？

不能否认，两千多年前孔老夫子说的"有教无类"，在经过时间的检验后，还是一个没办法彻底达成的理想目标，因为不是每个老师都是孔子，因为老师们也是平凡人。

就算有职业道德与教育情怀，在职场摸爬滚打多年后，如果对自己不是那么有自信，或是一直在为家庭及事业两头忙碌，忽略了提升自己的能量；不能使自己永远像一粒劲能电池一样，散播爱与知识，那么在心力交瘁的情况下，"只想教好学生"的念头就会在心里根深蒂固。因为，所谓的好学生不会惹麻烦，不会问课本以外的问题，不会对老师摆脸色，而是对老师百依百顺。如果可以在这样的环境下教学，学生就像天使一般，该是让老师做梦都会笑出声来的理想教学环境。

◆

能够幸运地选择"只教筛选过的学生"的老师们是少数。用现在的标准来看，"好学生"的定义到底是什么？是成绩好，还是品行好？是温顺服从，还是有自己的想法及能勇敢表达意见？

如果你觉得这些都是好学生应该有的特质，那你会发现，在上课的时候抗议老师或是问一些课本以外的稀奇古怪的问题的学生，该是被老师归类为好学生，还是令人头痛的学生？ 说来说去，在大多数老师心中，成绩好加上个性温顺服从才是好学生的王道，至于"那些聪明的古灵精怪，成绩时好时坏甚至永远都在垫底的那种学生，最好在我的班级少出现为妙！"

我不知道有多少老师愿意大声承认"只想教好学生"这样的论点，还是勉强着相信自己是有教育关怀的，把学生都看作自己的孩子，视如己出。 虽然一直到此刻，我还是相信许多老师都热爱自己的工作，无论有多么生学生的气，都还是默默地把他们当成自己的孩子。

有人说：高中老师像学生的大哥哥大姐姐！ 即使有些老师们的年纪都可以当他们的父母。 但请记得在心态上，老师还是得扮演得像是可以跟他们一起讨论人生方向、恋爱情事、指导学业的明灯。 随时让自己成为一人分饰多角的老师，就会容易觉得大部分的学生都是好孩子，他们都会是使老师永葆赤子之心的天使！

第五节　教育职场里应该有外语能力认证

"小白兔老师"说：我不是英文老师，你不要拿这种问题来考我。
"神魔学生"们说：你不是老师吗？怎么连这个都不会！

现在的学校有越来越多国际交流事务，但在这里要思考的是，当高等教育的毕业生被要求要通过台湾公共英语考试的规定，许多知名的外商及本土企业都要求多益①成绩时，那么，在教育职场这一块，除了外语老师以外，能够有一定程度外语沟通能力的教师比例又是多少？

当语文、英语、数学是"学测"成绩比重最高的三项科目，身为非外语科目的老师，如果自己连基本的外语能力都不行，还不断要求学生要加油拼英文成绩，很难想象，学生会如何想象"老师英文不好"这件事情！

◆

针对大学的评估，留学生、侨生等国际交流是重要的考量，所以各公立、私立大学用吸引人的奖学金或其他宣传，令许多留学生选

---

① 指 TOEIC(Test of English for International Communication)，是针对在国际工作环境中使用英语交流的人们而指定的英语能力测评，由美国教育考试服务中心设计。

择到中国台湾的大学就读。这波潮流也吹进了中等教育。除了各种国际营、交换学生等活动以外，现在还有所谓的"教育旅行"。

面对这种多元的情况，中等教育体系的老师，不能只有英文老师是外语能力强的。所谓的国际化，也不能只是英语，其他非英语的语言是不是也该考虑进入中等教育体系？第二外语这样的要求，应该要提前到高中的阶段。这只是目前为止，对现阶段趋势的一种联想，但距离落实甚至还八竿子打不着。

当然，不能要求老师们是全才，每一门科目都厉害。但在这里我们要思考的是：现在台湾各个行业都很重视外语能力，不论你是哪一种性质的工作，外语能力都是进入职场的一项重要指标。那么老师这个职场，除了外语专长的科目以外，没有任何一个科目会需要将外语能力当作进入教育职场的参考。说实在的，这非常值得思考，为什么身为指标性人物的老师，不需要在这一方面多加审视？

在进入教职后，非外语科目的老师会去进修自己外语能力的是少数。当他们需要运用外语能力时，例如：相关国际交流业务、出国旅行或出差等，老师们会如何解决问题？是会谦虚地学习或请教，还是已经习惯于使唤别人、觉得这不是自己的专长、是别人应该要会的？我们常常观察到的现实情况就是，有的老师常常觉得别人不够好，习惯用指正及批评的态度去面对校园以外的世界！

每次想到这里，我都会联想到旅行团里领队导游的共同心声。在寒暑假时，导游最怕的就是带到"三师团"（老师团、医师团、律师团）。老师就是导游们又怕又恨的其中一群人！也许那些长年在森林里当小白兔的老师们，完全不知道在校园以外的真实世界，他们其实是别人眼中的怪兽！

第六节　老师只想着还有几年退休？

"小白兔老师"说：如果可以，现在退休该有多好。

"神魔学生"们说：我爸妈也叫我以后去当老师，还有退休金可以拿！

"还有几年退休？"很早以前，我一直觉得这是快退休的资深教师们喜欢讨论的共同话题。直到有一天我才发现，原来那些才二十来岁、刚当上老师不过三五年的年轻老师，也已经对这个话题有许多见解。顿时，我有种被吓坏了的感觉！

二十来岁，有的人在这个年纪都还没有找到自己工作的兴趣点及领域，有的人还在忙着想打工度假，拓展国际观及人生广度，而身为社会某种指标性人物的老师，却已经在想退休以后的生活。

不知道其他人是怎么想的，但我觉得这是很可怕的一件事。如果身为一个教育者，每天面对成百上千的学生，他们正需要你告诉他们未来的人生该有什么路可以走的时候，此时，老师的内在竟然是对世界已经丧失了探索的热情，甚至把很多需要付出热情的学习与活动留着到退休以后才去做。

这样内外矛盾的心情，老师自己感受得到吗？但我要告诉你，21世纪的学生们是能够感受得到的。所以，在无法再比学生还热情，比学生还积极的前提下，老师很难当领头羊，带着这群青少年向前走。

◆

　　如果你刚到一所学校或一间办公室，不知道要怎么跟办公室里的老师们瞬间混熟、有话题好聊，那么讨论"还有几年退休"这件事，绝对是屡试不爽的好话题！　而且百分之九十九的老师都会表达同一种心声：如果可以，我想现在就退休！

　　我相信绝大部分的老师，当初选择这个职业，历经生不如死的教师甄试，心中抱持的主要想法，仍然是对于教育有热情以及有想一展长才的抱负，而稳定的收入以及貌似可观的"售后服务"应该只是附加价值。　不会有人是抱持着"我将来有一天要退休，所以我现在来当老师"的这种志向吧！

　　不过，很快地你会发现，进入教育职场几年后的老师们，大概都能够语重心长地道出他每天算数字等退休的心声。　加上现在退休年限一延再延，这对老师们无疑是最残酷的政策。　有的老师不敢随便请育婴假，不敢随便请探亲假，都是因为怕停薪留职以后，将来老的时候是要还的，中断过的教学生涯，代表的就是要更晚退休。

　　很快地，老师会觉得很累，会觉得学生都是来讨债的，会觉得力不从心。　其实回头想想，老师的确需要做一番自我调整。　举个例子来说，如果你是助理教授，有晋升的压力，有学术论文及指导学生的数字压力，那么这些都是促使一位助理教授力争上游，成为副教授及教授的最大动力。　等到达那个目标时，大概也已经是四五十岁左右或是年纪更大的时候。

　　不过如果你是一位大学刚毕业就从教的老师，很有可能在还不到三十岁的时候就已经达到这个行业的最高目标：一位公立学校的正式教师。　接下来除了每年的绩效奖金，还有固定的薪水，你在这个事业上的突破该是什么？念硕士、博士？考主任或当校长？如果你志不在此，那么又该怎么在你个人的教师事业上更上一层楼？我想这是值得所有老师们都深思的问题！

因为太早达到事业的顶端，所以也失去了梦想的热情，这对于老师们来说，是很可惜的一件事情。所以老师们，在退休以前，何不将年轻时曾经在脑海中想象过的梦想，一样一样地慢慢捡拾回来？退休很好，但活在当下，逐梦踏实更好！

第七节 不知道具体效果如何的教师研习，为什么一定要参加？

"小白兔老师"说：没有足够的研习时数会被抓去关吗？
"神魔学生"们说：老师也要研习吗？

犹记得《看见台湾》这部纪录片在网络及评论一片大好的氛围下，默默地也成为教师得到"环境教育研习时数"的途径——只要凭借电影票根，就可以获得1.5小时研习时数。如果没有把握这个好机会，在年底结算本年度个人"环境教育研习时数"时，若没达成规定时数，就会被罚五千到一万五千新台币不等的罚金。至于法理依据何在，没人知道，但向来是乖宝贝的"小白兔老师"们很吃这一套，乖乖地进电影院"看见台湾"。

一直很纳闷，如果我没达成研习时数，真的会被罚钱吗？是有碍社会观瞻，还是影响了市容？到底老师有什么原罪？没有百分之百的研习达成率就要被惩罚！这是我们多年来恐吓学生"要念书，否则没有好人生"的报应吗？果然，出来混江湖，迟早都是要还的呀！

◆

不管是正式老师还是代课老师，在教学生涯中，有几大项的研习都要参加：特殊教育研习、环境教育研习、专业领域研习、教师专业评鉴研习、教师专业社群研习，还有配合"12年国教"等的各种数不清的研习。

在几年前，老师们的研习活动可以依照自己的专业，或是选择自己有兴趣的主题去研习，寓教于乐。一年过去之后，哪几项的研习时数特别多或特别少，其实没有人特别去关心。因为教师研习本来就是希望老师们在繁重的教学工作之外，还可以补充能量，然后充饱元气再度出发，能有更多东西分享给学生。

但随着"12年国教"的脚步越来越近到笃定实行，教师的各项研习时数要摊在阳光下让学校的上级去检查，全校老师的各项研习时数的达成率成为一件必须要去配合的事。

至于这些研习时数要怎么计算，有些是直接签到就签退；有些是每一小时点一次名；有些是开读书会或播放相关影片就算有研习。你说教师要面对出于非自愿性，以及连自己都不知道目标为何的研习，这会有多好的成效？可想而知。

我们都知道要引起学生的学习动机，不能只是告诉他们"画重点、考试会考、不写就挨骂……"老师也是人啊！当老师要学习时，为什么没有人好好地替广大的老师们着想？老师也需要学习动机，也需要有学习目标及学习成就感，如果把教师研习这样的事情变成为了配合政府政策的成效，那么就是一大堆无意义的事情，让教育不断地走回头路，由上而下地沉沦而已。就算研习时数有百分之一百的达成率又怎样？你随便抓100位达成了研习时数的老师来考试，能及格的不会超过一半吧！

最奇妙的是研习的时间，会紧紧抓住老师们正好特别想松口气的时段，例如期末考试期间，就是教师要被集体催眠研习的好时段；又或是一放寒暑假，就会开始有修不完的研习活动叫你去报名参加，否则会有很可怕的下场；再不然就是新学期的开学前，当学生忙着收心时，也是教师要被催眠研习的好时机。

因为"少子化"的关系，有大量的"流浪教师"与代课教师，他们在这些研习的好时段里，要不就是为了下一份工作在拼前途考教师甄试，要不就是旧学校的聘期已经结束、新学校的聘期还没开始，这群广大代课教师也是教师，你叫他们要怎么去实现百分之一百的达成率？

终身学习应该是出于自我意愿，当老师充满能量时，直接受惠者是学生及家长。学校需要应付政府的政策，而让教师耗费大量的时间跟精力在虚与委蛇上，只是在消耗人才。

我一直认为不能忘记教育工作者的初衷是培养国家栋梁。有句老话说"十年教育，百年树人"，教师最主要的就是向下扎根，而不是向上应付。但由于现在的教育改革走向，似乎都变调了！学校的行政人员重视的是数据，做任何行政考量都是为了向上级单位交差，胜过于对学生的受教育权的重视及对老师的惜才之心。

如果教育都变了，那么社会能不变吗？！

第八节　正式老师与代课老师哪里不一样？

如果想稳定，就把一生都投资在正式老师这个职业上，一直到退休才去实现年轻时的梦想；如果想给自己无限可能的机会，就当个领劳保、一年只有十个月薪水的代课老师，也不是世界末日！

◆

"少子化"是大家都知道的议题跟社会现实，每年挤破头的教师甄试，是很多想要从事教书这份工作的人的噩梦与极大考验。这些名词我们都听过，但说真的，不是教职领域的人，不是非常明白正式教师、代课教师、专任老师、班主任有哪些一样，哪些不一样。

"教师甄试"是指领有合格教师证（修完教育学分、完成实习、通过考试以后拿到的证照）的人可以参加的考试。但有教师证并不代表有工作，只是代表你有资格去争取教职而已。然而"少子化"的现实，使得有缺额的学校不敢贸然开正式缺额招聘教师，因为一旦通过教师甄试成为该校的正式教师后，就是公务人员，身份也从"劳保"变成"公保"。

因为缺额很少，加上教师甄试（既有各校独立招生举办考试，也有各县市的联招），不论如何都是僧多粥少。举例来说，可能一所学校只开了一个科目的缺额，却有超过百人去报名，像语文、英语、数学等主科，甚至有可能多达两百人以上的竞争者。

通常，过了第一关的笔试之后，就会只剩下6至8位竞争者进入复试。复试考的是15至20分钟的试教（临考才抽试教范围，完全凭实力去度过试教时光），评审委员要对你进行口试，了解你的个人生活、教学经历及对专业科目的精熟度。最重要的是，你能否配合学校的各种行政工作。打遍天下无敌手后，便成为拥有"铁饭碗"的教师。

新进教师通常容易兼任行政职务（例如：卫生组、教学组、辅导组等的职务），不然就是担任导师。三年导师一轮之后，可以当一两年的专任，每一项工作都有积分。总之，一位正式教师，在教学生涯中一定躲不掉当班主任，除非去兼任行政工作职务。

至于代理教师，资格与考试的方法都与正式教师并无二异，只是代课的缺额相较于正式的多，且聘期只有一年，因此较容易考上。但许多投资师范体系生涯的年轻老师，不愿意当代课老师，选择留在补习班或家里，专心准备教师甄试的人也大有人在；加上代课老师仍然是劳保的范围，工龄及薪水都不会累积，聘期也只有十个月。所以很多时候，学校到快要开学了，一次招聘、二次招聘、三次招聘都聘不到代课老师的，也是普遍现象。这就是很多人说的"流浪教师"现象。因为教完这一年后不确定明年这所学校会不会有相同的代课职缺，所以很有可能每年都要游走在不同县市的不同学校当代课老师。

有些学校很缺师资，就会让代课老师担任班主任或兼行政职务，但有些学校却是怕家长普遍认为代课老师不如正式老师安定，就不会让代课老师担任这些工作。那么，代课老师就只会是专任教师。

这差别在于，班主任或兼行政职务的老师授课节数不用那么多，但专任老师班级数多，就会面临一样的内容可能要重复上五遍以上的情况。以我自己为例，身为历史的专任教师，授课班级有八

第二章 误闯21世纪丛林的"小白兔老师"们,想回家

个班,一天之内要讲五次"法国大革命"是普遍现象。 如果是教初中,每个班的历史课可能只有一节课,到大一点的学校,授课班级会被排到近二十个班,一星期要讲20次"甲午战争"也不是不可能的事。

　　担任班主任及行政工作都有少许的职务津贴,专任教师则有少量的超钟点授课费。 学校的工作十分繁重,而教育又是百年树人的大计。 基本上大部分的老师,不论是正式的还是代课的,不论是班主任还是专任教师,都是辛苦的小螺丝钉,坚守在自己的岗位上努力着。 老师不会只有2.2万新台币①,但也不会发财。

　　"分享"是我对这个工作保持热情的关键词,因为喜欢,所以想让更多人知道,即使我只是一位代课老师。 只要在这岗位上一天,我便保持一样的态度去面对这个工作与职场,最丰盛的回馈不是年资②及薪水,不管是正式还是代课,真心的交流与回馈永远是老师这个工作最迷人之处。

---

　　① 台湾普通大学毕业生的起薪一般在2.2万新台币。按2015年11月8日人民币兑新台币汇率1∶5.1计算,2.2万新台币大约相当于4313元人民币。
　　② 指任职年限及资历。

第三章　20世纪的观念与21世纪的窘境

　　教育的一大怪现象就是，什么事情都要讲"多元"，但"成绩"却仍是最重要的评价指标。

第三章 20世纪的观念与21世纪的窘境

第一节 国骂，到底是不是在骂人？

　　站在老师的高度，要想象当造物主面对各种好坏不同的人类时，他并不会不把阳光照射在坏人的头上，只把温暖的和风拂过好人的面庞！　你看不到造物主的愤怒与情绪，因为一切的好坏自有轮回和因果。

　　现在骂脏话的孩子，说不定明天因为某件事就决定"封口"，如同老烟枪也有可能明天就决定戒烟！　改变都是在一瞬间的事，当老师面对学生的怪现状，只能从更高的高度去看待一切好坏，平心静气地接受，并且从老师的高度分析利弊，试图改变学生的选择权。至于学生是该选择嘴巴放干净点，还是继续用"三字经"才能平衡过日子，毕竟他们都即将成年，这是他们选择的人生，老师们！　请同时也放过自己吧！

◆

　　不可否认，在现在的教育职场中，许多老师都还是认为要保持一定的高度，以"居高临下"的视野去看待学子们。　两千多年来的儒家思想，伦理的秩序，似乎没有被五四运动给打破，即使已经放松了那么一丁点儿，可是师生之间的鸿沟，在讲究的人的心中，还是像海沟一样深。

　　因此大部分老师的衣着就是要像公务员，或是去爬山慢跑的模样；讲话时就要带点文绉绉的气质。　有很大比例的老师认为，对学生说话有"爽""屁""死"这类表达极度情绪的用语是相当不妥的。因此，当学生回应"干""吃屎""你妈的"这类表达情绪的口头禅时，就会有许多老师濒临崩溃的边缘，认为学生犯下了大不敬的重罪。

国骂"三字经"在20世纪已经非常流行，延续到现在，当年把国骂当口头禅的，现在他们的下一代，也很自然地把这个当口头禅。加上现在讲究速度、暴力与快感的电脑游戏增多，许多小孩就是在一边打游戏一边骂脏话的环境中长大的。在他们的心中，这类用语只是一种激动时的情绪表达用字，与恨到极点无所表达才说出"三字经"的大人们相比，当中的意义有很大的区别。

把"三字经"当口头禅当然不对，可是面对已经相当普遍的情况，老师除了要想办法纠正以外，如果还把这个当成"学生对老师的大不敬"，动辄要抓去教导主任那里记警告什么的，我很想说："请'小白兔老师'们要看开点！"

这样讲好像有点不负责任，但如果家长在小孩还小时，就没有办法纠正这样的习惯，那么到青少年的求学阶段，老师就只能尽量用同伴压力及青少年自信、对美感的培养来纠正，而不是一股脑儿的愤怒及抓狂，满脑子想着"是哪里来的家伙，这么没水准！"想通了这一点，就可以让自己少生点气，用更宽广的胸襟去看待既成现实，平心静气地去接受。

说实在的，在现在的社会，如果小孩愿意在老师面前表现出真性情，脱口而出的那些无心脏话，其实还真要往好处去想。至少，他是表里如一的小孩，不会在老师面前一个样子，在背后或在

PTT①、FaceBook、LINE 之类的班级群是另一个样子，把你骂得体无完肤；至少，我们看得出小孩正在发泄情绪，虽然方法有待改正，但他会是个身心较为健全的孩子！

　　想起一直到现在留在许多人心中成为阴影的"北捷惨案"②，凶手不就是个表面上功课好、人缘不错、斯文有礼貌的标准好学生吗？看着这样令人不寒而栗的事件，再回头想想这些骂脏话的孩子们，会不会有比较温暖的感觉？

---

　　① Push-to-Talk 的简写，指"一键通"，是一种全新的移动技术，可快速进行一对一或一对多的通话，如同使用对讲机通话。有一部分手机可支持 PTT 技术。

　　② 2014 年 5 月 21 日，台湾一名叫郑捷的大二学生，在台北捷运板南线，持刀进入封闭的车厢随机砍刺乘客，造成 4 死 20 多人受伤的惨案，引起了社会的极度震惊。

第二节　是学识深度重要，还是足够的社会历练度重要？

大多数的老师因为没有体会过一个月挣两万块①的人的生活，所以领着一个月两三倍以上的薪水，却还在叫穷和不满足；因为没有失去过，所以不懂珍惜及满足的人大有人在！

这样的老师在台上龙飞凤舞地分享自身的世界，在台下，其实许多学生听起来是觉得非常刺耳的。许多老师以为"习以为常的平凡生活"，其实是很多人一辈子都没有体会过的！这样的老师走不进学生的心底，因为学生基本上认为你根本搞不懂、进不了他们的世界，你就只是一位教授学识的老师，如此而已！

◆

每回遇到跟法律有关的研习时，常会听到讲师开玩笑地说："老师是社会上最单纯的人类！"而老师们也都会自嘲地跟着笑起来。的确，大多数老师的人生都是循规蹈矩地长大，念书、工作、结婚生子……这样一路符合社会大众标准，他们真的很难跟犯法沾上边！因此每当遇到被检举、做笔录这类同为公民会遇到的事情时，"小白兔老师"们会非常惊恐，总抱持着能不惹麻烦就离远一点的心态，所以老师们的世界，以"纯净的白色"来代表，可说是相当恰当。

---

① 这里指新台币，按 2015 年 11 月 8 日人民币兑新台币汇率 1∶5.1 计算，约合 3900 多元人民币。

可是社会这个真实的残酷舞台是什么颜色，用打翻的水彩盘都不足以形容。可是身处中等教育体系内的老师，站在讲台上，除了对熟悉的课程教材能滔滔不绝，对于残酷舞台的真实面，能够一样地侃侃而谈吗？

　　当老师们一生都领着比社会平均薪资要高的薪水时，能确切体会标准线以下的人的心情吗？还是只是用一种由上而下的高度在看待现实，想着"这幸好还是别人的生活，不是我的生活"，顺便再告诫学生，"如果不认真念书，将来就会过这样的辛苦生活"？可是一个月拿几万的生活真的会比一个月拿一两万的生活快乐吗？这倒不见得！

　　在资讯如此发达的现在，要能够分享课本以外多彩的世界，才会是真正走进学生心底的老师。现在的学生这么机灵，许多的考试内容，他们能够自己读课本、自己上网查资料、自己与同学讨论，而且还有强而有力的补习班作为他们的后盾。来学校上学，除了是尽学生的本分以外，更多的是团体生活的学习、人际关系的磨合，以及通过老师去体会不同形态的成人世界。也就是：将学校的小社会作为今后进入残酷舞台的跳板。

　　老师们！如果你们期许自己是一位好老师或是深深觉得自己就是一位好老师的话，就请记得，除了学术风范以外，多踏足不同的领域，在你们的人生里多添加除了白色以外的颜色吧！那样，除了增加自己的深度，也能同时拓展学生的广度。

第三节　20世纪的钥匙儿童与 21世纪的宅男宅女，谁更主动？

即便是一个人待在家里长大，20世纪跟21世纪的孩子最大的差别，就是"没有实际用自己的能力去处理、解决生活所需"，进而培养出主动与被动两种不同的特质。21世纪的孩子，普遍都有"被动""没有解决问题的能力"的集体通病。

◆

在20世纪，台湾经济正值起飞，身为"亚洲四小龙"之一且表现要超越韩国许多的那个年代，从传统的农业社会转型成工商业社会的时期，那个时候出现了所谓的"钥匙儿童"①这个名词。

我自己也是从8岁的时候开始当起钥匙儿童，可是我内心就会觉得悲情，觉得没有在成长时期得到父母的很多爱吗？答案是我一点都没觉得！那个时候的我们更能体会双职工家庭父母的辛苦。

那个年代没有网络，没有转不完的电视频道，外头也没有那么多可以诱惑小孩去花钱的娱乐。所以趁着父母还没下班时，我们就能自己打点好一切：拎着包走路去才艺班，自己写完功课睡午觉，自

---

① 指那些家长常不在家，必须自带家门钥匙，放学回家后只能独自待在家中的儿童。

第三章　20世纪的观念与21世纪的窘境

己跟玩偶、娃娃或乐高游戏①玩一整个下午！兄弟姐妹都放学时，抢遥控器、抢厕所、推托谁先去洗澡，每天在这些生活琐事中只要赢了一点点，就会觉得超快乐！因为是用自己的能力去完成自己该做的事，得到想要的结果。

相信跟我同一个年代长大的钥匙儿童，很多人都会觉得那是一个提早促成自己懂得自律跟独立的成长阶段。还记得每年最期待的节日是"五一劳动节"，因为那是一种温馨的感觉——爸妈不用上班，下课回家时会有妈妈待在家里迎接自己放学。哪怕是像这样简单的一件事，就可以让我们满足很久！这样的成长过程，让我们至少能够处理自己的日常生活事务，让我们不容易恐慌，可以冷静地去面对很多事情。当得到意外的欣喜时，感恩及满足感会多过抱怨，也不会嫌得到的不够多。

然而，21世纪"宅"字辈的青少年们，在虚拟的网络世界里消磨了大部分时光，媒体传送了太多没有经过整理的资讯，所以他们对实际的生活会容易显得恐慌及不满足，因为这个社会不是他们与实际空间一起手搭手成长的。

现在的生活太方便，想吃东西就去便利商店买而不是自己煮；许多家庭的基本生活都能支付冷气、网络和三餐外卖的开销，即使口口声声喊贵、吃不消，但假日去逛COSTCO或其他量贩店，满后备厢的生活必需品像是不花钱的一般，这种生活样貌每个周末都在上演。

在这种环境下长大的小孩，会把梦想寄托在虚拟世界，会把恐惧锁在虚拟世界后面，现实中的他们只要动一张嘴、敲敲键盘、滑滑

---

① 乐高（LEGO）公司是世界第三大玩具生产商，1932年创办于丹麦，主要产品为积木玩具，现已涉入游戏产业。

手机及平板电脑，就可以解决许多以前的人需要亲力亲为的事情；家长也变成只要能满足小孩的三餐及日常开销，做到接送上下学及送去补习班上课，"起码可以达成及格父母"的标准。

很多人认为用钱能解决的事情最简单，再加上"少子化"的关系，这一代的青少年很多人是独生子女，在成长的过程中没有平辈会去跟他们抢东西，从而让他们养成了"这东西不就该是给我的？"这种想法。

不需要经过太多波折就可以得到一切生活所需品，也因此，即使都是一个人待在家里长大的孩子，20世纪跟21世纪的孩子最大的差别，就是"有没有实际用自己的能力去处理生活所需"，这影响着主动与被动两种不同的特质。观察现在的孩子，几乎都具有"被动""没有解决问题的能力"的集体通病。这点，相信老师们及雇主们都不陌生。

"怪兽家长"们最常跟老师说的话就是："我的小孩不坏，也肯学，他只是被动一点，要老师多用点心提醒或鼓励！"那么，我们20世纪的老师也不坏，可以给多一点鼓励与尊重吗？

第四节 是精英教育重要，还是通才教育重要？

"教改"说要打破精英教育，但在这个年代，家里没有点经济基础的，怎么跟"教改"后的制度玩下去！ 本来可以成为精英的孩子，有可能因为家庭背景的因素，使得他没办法跟上各种多元的游戏规则。 当学校教育再也没办法提供精英教育般的训练，有资质能成为精英的孩子，将渐渐失去可能成为精英的竞争力！

◆

"精英"这两个字在20世纪时的定义，多半是指前三志愿的高中毕业后，进入台湾大学、成功大学、台湾"清华大学"、"交通大学"等名牌大学就读，之后以高分的托福成绩申请至美国常春藤学校攻读硕士及博士，再以留过洋的身份回台湾，担任高校教授或是外资企业的高级主管。 这样的"人生赢家"模式，想必大家都不陌生。

不过，21世纪对"精英"的定义是什么？ 是"好学校＋年薪百万以上的工作"，还是"出国留学＋留在国外工作"？

就教育来说，二十年来的"教改"，重点就在于打破过去对"精英"的迷思，所以必须要多元入学、课程多元、评价多元……因为什么事情都要多元，让许多还搞不清楚人生方向的学子们根本抓不到重点。

对他们来说，要想象未来的道路，很多人还是会受父母的影响。

多数的父母则是从当年的那个"精英教育"下走过来的那一代,所以"精英"的迷思当然就继续影响着下一代。然而,下一代人却不能再用上一代那种单纯、直接的方法成为"精英"。

对20世纪的人而言,只要肯念书、努力念书,就可以用成绩成为"人生赢家",就像以前的科举制度一样,靠着读书改变身份地位。至于家庭背景如何,小时候有没有学过才艺,长大后有没有丰富的参展经历、社会经验,有没有当过交换生……这些都不会影响他未来的道路。

可是到了21世纪,因为强调"多元",所以家庭背景较有优势者,很自然地可以有多元的学习渠道和能力。例如,住在城市与乡村的两个不同的孩子,能得到的多元学习渠道必然有差别。

学校教育要求被常态分班、重视差异化教学、重视多元评价,不断地删减主要考试科目的授课时数……这些规定也许适合"天龙国"①、适合大城市的环境,因为他们可以从学校外的世界去看展览、参加竞赛活动、出去当交换生,去得到学校教育没法给他们的东西。

可是偏僻乡村的孩子、低收入家庭的孩子们就不同了。他们也许因为环境的局限,每天能做的就是去距离他们家最近的学校念书。这些有可能成为精英的孩子们,其实在"12年国教"的第一步,就已经先输在起跑线上了!

---

① 语出日本漫画《海贼王》,这里指的是台北市大安区、信义区等地,那里地处台北市中心地带,居住了许多达官贵人。

第五节　是该务实，还是该"自信"？

如果家长及媒体没有大肆批评"12年国教"的升学系统有多少问题，也许孩子们的心中本来就没有认为念哪一所高中就是一定好或一定坏的观念。

如果大人的价值观都没有跟着大潮流改变，还一味地拿着20世纪的思维在规划孩子的未来的话，即使孩子已经知道务实的重要性，我们也难保这样的价值观有朝一日会不会又被大人世界里"过时的洪流"给冲破、决堤！

◆

对于这个世纪的中学生来说，即使只有三五年的差距，但是在思想上的观念大概就有三代以上的鸿沟。大概是因为这年头的资讯过于爆炸，像急性肝炎一样侵蚀人的思考与心灵，不管喜不喜欢、能不能接受，你很难抵触那排山倒海而来的"资讯的力量"。毕竟在青少年时期，资讯的力量是非常大的。

刚出来教书时，那是个还有"三民主义"这一科的年代，后来这一科就被"高中公民"给取代了。那个年代毕业的学生，现在年约25岁上下，是刚刚踏进社会，吃了一两年苦头的社会新人。他们完完全全已经明白了找工作的现实状况以及职场的"腥风血雨"；懂得什么是压低身段，能慢慢体会人心险恶以及不能永远百分之百做自己想做的事、讲自己想讲的话。

有一回，我请他们回到学校与现在17岁的高中生分享念大学及找工作的经验，问高中生们将来想当什么？许多答案令这些二十来岁的年轻人也不禁要泼高中生们的冷水。

这些17岁左右的高中生们，在他们进入小学一路成长的年代，刚好面临台湾本位意识抬头，有些人则会认为是另一种意识上"闭关时代"的开始，所以那时，在这块土地上长大的孩子，非常有"台湾本位意识"，也非常自信，认为他们的才华及梦想可以在这片土地上发光发热，因此把"导演""制片"当作志向的人还不在少数。

但是，当25岁的学长、学姐们直白地告诉他们："导演，不是你们想当就可以当的哦！"的时候，却令这些兀自沉醉在自己世界里的年轻人们非常不能接受，认为对方严重不尊重自己，而且觉得"凭什么认为自己不能当导演！"尤其，在提到认为"该有多少薪水"的话题时，这些17岁左右的孩子们很有自信地回答："至少要5万台币以上"，令台上这些二十来岁、拿着可能只有3万左右新台币薪水的学长、学姐们，很难想象高中生们认为"刚毕业就能拿5万新台币"的自信是从哪里来的。

当然，孩子不是不能把"导演"或"音乐人"这些当成梦想，"人因为有梦想而伟大"这是绝对正确的想法。但在讲梦想之前，是不是不要忘了把中间的过程提一下？例如："我想要念相关院系，然后到相关的行业去实习，顺便为自己将来当音乐人的梦想铺路"或是"我想先到电视台或电影公司，从幕后的工作做起，薪水不高没关系，因为可以学习，并且为将来当导演的梦想累积更多实务经验"。如果是这样回答问题，相信不会有人对你的梦想表示质疑。

反观今年要升高一，"12年国教"的第一批"白老鼠"们，在他们的作文里，阅卷老师可以在他们的字里行间看到"为现实打基础"

的务实字眼。他们对将来的规划，已不再是"念三流大学也好"的"混文凭心态"，而是出现了很多"我要念美容科""汽修科"这样的求学规划。

我想，一位15岁左右的孩子，在他们进入中学教育时，若已经听到诸如"2.2万新台币"的说法，加上又发现投资了那么多成本念本科或研究生，最后却仍只能得到2.2万新台币的现实，会不会想说"还不如实际点，先赚到2.2万新台币，未来的事情可以慢慢再研究、考虑"？

如果十来岁的孩子能有这样务实的想法，不再认为好学校、好成绩是唯一的话，那么"教改"似乎就会收到一点成效了。所以，当听到目前的孩子有这样的改变，其实我有种"教育终于突破了瓶颈"的喜悦。

但是，写这篇文章的同时，正是会考成绩公布，以及"12年国教"遭骂声载道的时间。按照惯例，媒体还是不断强调满级分的学生来自何处、各大城市的名校放出了多少有限名额、在部分地区提出要以"作文成绩"作为优先考虑的办法。最后利用会考成绩进入明星高中的，还是那些成绩好外加文笔好的学生。

成绩，依旧是决定学生未来前途的最重要指标……

如果家长及媒体没有这么大肆批评"12年国教"的升学系统有多么欠佳、不公平，也许这些孩子的心中本来就没有认为念哪所高中就是一定好或一定坏。如果大人的世界还一直拿着20世纪的思维在规划孩子的未来的话，即使孩子已经知道务实的重要性，难保这样的好思维有朝一日还是会"溃堤"。

第六节　21世纪老师的神性与人性

连古希腊众神都有喜怒哀乐的人性，请别忘了每位老师都跟大家一样是"平凡人"。在大家认为老师这个职业自古以来就有被加持的"神性"，而且应该要做这么多的付出时，也请您一定记得，在21世纪的现在，并不是什么事情都得"理所当然"。

◆

讨论到这个议题时，我认为西汉的董仲舒会非常开心，是他提出"独尊儒术"的理念，形成汉武帝"阳儒阴法"的统治政策。

过去先秦时代百家争鸣的思想，到这个时代也大抵由儒家思想成为主轴。即使后来的各朝各代都有不同的思潮及思想特色，但在儒家思想里，五伦上下秩序、至圣先师孔子等根深蒂固的思想扎实地捆绑了中华民族，即使经过五四运动"打倒孔家店"大型批判思潮的洗礼，这部分始终没有真正地由根部发生改变。

老师这个职业，也因为儒家思想的光环，非自愿性地被笼罩上了"神性"。20世纪以前，被光环包围的老师的确有某种"神性"。自家小孩被老师打了，家长会送上一根更粗的藤条要老师打到小孩听话为止；当小孩惹老师生气，家长揪着小孩的耳朵到学校跟老师道歉的画面也不让人感到陌生。那个时代的老师，受人尊重的程度确实比21世纪的老师们要高，至少大部分的家长及学生，对老师是恭敬的，除非老师的人格及处置方法有特别夸张或异常的地方，才会受到讨论及审视。可以说，绝大部分家长及学生都是相信老师、愿意听老师的意见的。

　　前后不到20年的光景，老师的神圣性也跟汉武帝的"外儒内法"一样了。表面上只要说出"我是老师"就会被自动罩上一层神性，但大家的内心里是否会对这个"神性"打从心底地相信与接受，又是另外一回事。

　　社会舆论从这个世纪开始，老师就跟公务人员一样，开始有了"原罪"。社会大众普遍觉得老师这群人工作很简单、轻松，却能有社会平均水平以上的薪水及稳定的"铁饭碗"，所以相较于其他辛苦工作的上班族或蓝领阶级，老师"应该"要主动地在下班后待命接电话，遇到家境不好的学生要帮忙出钱还钱，假日要无薪地陪学生看书或是策划户外教学活动……就算真做到这些，却只落得一个"尚可，仍须努力"的评价，如此换来的真心感谢仍不比批评多。

　　渐渐地，老师就像服务业一样，多做虽然有可能会多错，但"少做一定会被投诉"。多做不会换来感谢，只是更普遍地被觉得是"应该"的。

　　这个社会习以为常、认为"应该"怎样的事情太多了，但真的不是那么多事情都是"理所当然"的。这个想法在我身处马来西亚当校长的时候格外有体认。人总是出门在外，有了比较时，才会知道自己本来拥有的有多少。

　　在大家认为老师具有"神性"，所以应该要做这么多付出时，请别忘了每位老师都跟你一样是平凡人。人性的光辉与黑暗是并存的，是出生以来就并存的。如果家长与学生需要鼓励，也请别忘了给老师们以鼓励！

下篇　校园现场与互动万象

勇敢？

1
- 要上课了
- 有问题吗？
- 转移注意力
- 我想问，老师你体重有多少公斤？

2
- 那你又有多高？多帅啊？
- 同学，这和课程无关唷！
- 哈！！
- 老师，你果然比我重呀！

3
- 又在玩手机！你完蛋了！
- 中世纪
- 视线？

4
- 现在的小孩，什么都敢～
- 一日的战利品

绘图/路十七（赖冠汝）

测验：我是哪一种家长？

专有名词	如有以下情形，请自行对号入座
"直升机家长"	请老师看我的小孩吃午餐，叮咛他吃青菜 请老师记得帮我的小孩喂药 请老师在放学时间打电话给父母 老师要自愿无偿利用周末时间留校陪读，还要准备点心 请老师打电话叫我家小孩起床念书 功课太多，我的孩子读不完、会崩溃
"怪兽家长"	孩子英文能力好，为什么不能在上课做别的事 学生为什么不可以穿拖鞋来学校 质疑老师缺乏专业素养 家长打电话过来只响一声，就叫老师回拨回去 上课玩手机被老师没收，家长愤怒抗议弄坏了老师要陪 自己孩子欺负同学，花钱请客就想抵消
"放牛吃草家长"	一直 LINE 老师，只是要抱怨刚刚跟孩子及先生吵架 家长不知小孩无证骑车，老师通知家长，家长认为这只是家务事
极品家长	人际关系沟通不良，屡屡造成他人困扰，老师请家长带去看医生咨询，家长大骂老师这是歧视 家长到学校打错人，反而怪老师不阻止他 把自己当民意代表一样，向老师"问政"

＊纯属个案参考

无法当面说清楚？

绘图/路十七（赖冠汝）

第四章　21世纪校园现场

20世纪的校园规范与准则,到了21世纪还通用吗?脱轨的"教改"与校园,会不会造就出更多的笨孩子?

第一节 "老师，我要去大便！"

上厕所是个借口跟习惯，他们会看准善良好说话的老师，固定到他的课就准备去大便。至于为何一定要在上课时去大便的原因，某种时候是因为下课人太多，想好好大便的人会不好意思在厕所蹲太久。

还有一种是要趁上课去厕所时，上网看运动比赛的即时新闻，这是好一点的。至于不太好的，有的是去厕所谈判或谈分手；有的就干脆不想上课，所以去厕所打游戏；有的则是去厕所抽烟；有的是趁机要偷看别的班心仪的女生，就算是晃过去看一眼也觉得心情极爽……

◆

不知道从哪一年开始，上课的时候会有学生拿着一包卫生纸向老师挥挥手，就代表要让他去上厕所！一开始，作为"全世界最单纯的人类"之一的老师，一定都会让学生去，但是后来你会发现，学生的口袋或袜子里可能有手机或香烟，不然就是当你在台上唾沫横飞时，过了二十分钟那个学生还没回来！或者是又多了几位不告而别跑出去上厕所的学生。

如果一切相安无事，顶多就是当个被学生认定是"可以上课去大便的老师"，其实也没什么大不了；但是如果是在上课时间，学生

第四章 21世纪校园现场

不在教室时发生了一切不当的行为或意外，老师便责无旁贷，"哑巴吃黄连，有苦说不出"了！

那么，"就严格规定学生不能上课去上厕所，否则就要扣分或是处罚"。如此，老师就等着学生在周记上告状，或是回家跟父母告状，更严重的说不定会被写信给媒体抗议！一只站在讲堂上的"小白兔老师"，到底要怎么应付这令人两难的场面？

有的老师是规定一个班一节课上厕所的人数不能超过两个，一个回来以后另一个才能去。部分很有威严的老师，学生本来就不敢在他的面前造次，直接规定说不能去上厕所，而且也不太有学生会进行挑战，除非真的很急或生病了！至于我这种凶狠起来也凶不了多久的老师，缺乏足够威严但又会有过多的同情心，在自保的情况下我只能做出规定：

一、想在上课上厕所的人，要说出三个成语表达他"真的很急，非上厕所不可"的心情；

二、一个人一学期只有两次机会能在上课时去上厕所，除非有特殊原因或生病的证明。

用这个方法，你要跟学生够熟悉，不然就像一群在草地上吃草的羊，老师哪里会记得哪个学生上过几次厕所！

我个人觉得，这一切的事情根本就像是在惩罚老师一样，一个身心健全的老师哪里会不想让学生去上厕所？可是教学现场就是有那么多不能不去考虑的事情。

回过头来想，从小到大，我们到底又看过几个老师固定会在上课时跑去上厕所的！我想绝大多数的老师都会选择"就算憋尿也要教完这堂课"。至于"学生憋尿会对身体不好"的言论，对老师来说又该如何！

回想起过去的年代，人们还保有20世纪学生的羞怯及不敢表达的毛病。曾经有同学肚子痛到不行，也不敢举手跟老师说他要上厕所，结果拉在裤子里的糗事！这种故事跟现在的学生说，他们大概永远无法理解"到底是为什么在上课时不敢跟老师说要去大便"的心理。

第二节 "老师，为什么上课不能吃东西？"

不知道为什么，现在的学生认为上课吃东西是应该的事。

小学跟初中都还有"上课不能吃东西"的常规教导，但到了高中，这个规矩开始变形！ 大学就更不用说了。 奇妙的是，这些我行我素惯了的学生们，在将来进职场时，如果是因为公司规定或是专业所需，就是不能一边上班一边吃东西时，那么"不能吃东西"的规定他们还能遵守得来吗？

说到底，是学校或老师的约束力变差了，还是学生上课的心情变得像是"来郊游的"？ 整个校园的氛围，早就已经不是在20世纪成长的我们可以去"同理想象"的。

◆

关于上课吃东西这件事，我一直百思不得其解。 是21世纪的孩子们忍耐力不如20世纪以前的人，还是自18世纪以来"天赋人权"的自然权概念已经彻底普及化的结果？ 人本来就有免于挨饿的权利，所以上课吃东西，就变成天经地义的事情？

如果老师还不识抬举地叫他们"不准吃"，那就准备好招式去应付如潮水般涌来的疑问："为什么上课不能吃东西？"

虽然说"低头吃便当"是千古名句①，但回想起以前上课偷吃东西的模样，都是要趁老师不注意的时候飞快地吃一口，或是把东西藏在抽屉里，偷偷摸摸地弯着腰去吃。总而言之，虽然都是上课吃东西，但20世纪的我们"起码还是把老师放在眼里，并且内心是真的觉得上课吃东西不对，可是实在是忍不住，所以才偷吃"。

然而到了现在，不管是饮料还是零食，面包还是便当，21世纪的学生都大大咧咧地摆在桌上，甚至秉持"有福同享"的美德，上课上到心情极好的时候，还会传递零食给同学分享，仿佛这节课是同乐会。这还算是好的，有的甚至是在上课时直接煮起泡面，或是有突然闯进来的迟到学生，拎着自己的跟帮同学买的早餐，就这么直接进教室地分送起来。

面对这般光景，老师除了说"上课不准吃东西"之外，还能怎么办！如果你说："老师没吃，你们就不能吃！"那么，学生会很天真又大方地把食物分给老师，希望师生一起同享。

如果你用诅咒的方法说："再吃会拉肚子！""再吃会没人爱！"那么，学生也只会嘻嘻哈哈地跟你抬起杠来！

来硬的记警告处理，或是去通知班主任解决，这种事情只能忍无可忍时，一学期来个一两次，不然师生关系及上课时相处融洽的光景大概就不复存在了。要当个有原则又受学生喜爱的老师，这分寸，真的非常难拿捏。

---

① 此句并非千古名句，作者引用这一网络亚文化流行语是对李白《静夜思》"床前明月光，疑是地上霜。举头望明月，低头思故乡"末句的调侃。

老师能做的也真的就只能在开学时，"把丑话说在前头"，用恐吓的老方法，在新学期的一开始就定下规矩，吃东西要扣分或是累积几次就去劳动服务，那么至少在第一次段考①前，班上会呈现不太有人敢明目张胆吃东西的好秩序。

　　但如果要在学期三分之一以后还能继续保持好规矩，那么老师就必须当个对扣分与累积次数勤加记录的"稽查员"。

　　老师除了要引起教学动机、上课、赶进度、考试、剖析考卷、管理睡觉、管玩手机，还要管不认真上课的学生，以及得隔三岔五地跟学生聊天培养上课好情绪……（最好每位老师可以一辈子都记得在有限的 50 分钟内同时要做这么多件事）如果规矩可以贯彻到底地实施，那么上课时大概就可以有不错的效果。

　　21 世纪的学生们觉得老师们限制了太多不必要的事情，但是常规的表现绝对是"受人尊重"的第一步。如果大家觉得老师必须尊重学生，那么请有自知之明，至少台上的老师在做他的工作时，学生在台下也应该恪守本分地做学生该做的工作。否则，学生去搭车、去电影院时买学生票，凭的是什么！

---

　　①　指学期内的阶段性考试，一般每学期考三次。

第三节 "老师，我们一起来睡觉吧！"

如果老师们叫学生不要睡觉，但学生却回答："为什么？"请不要愤怒。 如果学生回答："老师，我们一起来睡觉吧！"也千万不要觉得他们是在嬉皮笑脸地开玩笑。

身为这个年代的老师，只能更精益求精，让自己成为开演唱会一般的明星，学生虽然不用买票进来上课，但却期待着你在讲台上的表现与风采。 唯有这样，才是让他们不在你的课堂上睡觉的最高境界！

◆

上课睡觉已经不是只有学习意愿低的学生才有的专利。 现在的电视 24 小时都有节目，让人有转不完的频道可以看，加上活在网络世界里的人越来越多，人们处在没有时间限制与概念的环境中，这也让青少年无法有效地自我控制与安排时间。 有的学生甚至因为经济问题必须要去打工，所以像夜猫子一样的学生越来越多，以至于到学校上课兼补充睡眠成为解决问题的办法。 此时，善良、好说话外加脾气好的老师，他的课就成为睡觉的好时段。

在 21 世纪当老师，站在讲台上，要花言巧语外加花尽心思不让学生睡觉的办法，除了课程准备充分又花俏，让学生舍不得不上你的课之外，还必须说一些正课以外的话题，吸引学生的目光，这时候你才会发现睡觉的学生会渐渐地抬起头来。

所以原则上，他们并不是真的体力不支而倒地，而是大大咧咧地摆明了告诉你："此刻我不想学习，我来学校是勉强让自己符合父母及社会的期望，顺便来交朋友的。"

试问，又要上课、又要赶进度、又要抓违规玩手机的学生，还要大声嚷嚷让他们不要吃东西……这时候老师再加上一句"不要睡觉！"此举到底有多少效力，内心可想而知。

有些秉性纯良的学生还是会勉为其难地抬起头来，直到下一刻他真的撑不住而睡着；有的直接把外套盖在头上，睡到地老天荒，根本懒得理你。 相信每个班级至少都会有一到两个这样的学生，如果老师把他们当成隐形人，任由他们去睡，心里想着毕竟多数学生的受教育权还是要照顾的，那么，就要祷告说"睡着的学生是真的只是睡着了"。 因为，教育史上就曾发生过，写完考卷的学生趴在桌子上睡觉，然后再也没有醒过来的事情！

你说任课老师要不要负部分责任？因为他没有在第一时间叫他不要睡觉！ 这对于"小白兔老师"而言，会是多大的内心阴影与挥之不去的痛苦！

所以虽然老师知道叫学生不要睡觉成效不大，但还是必须煞风景地叫他起床，至少要看到他睁开眼睛为止。 这代表，这个学生在你的课堂上还活着！ 想来还真有点可悲跟心酸，什么时候老师的威信已经必须要妥协到这个地步。

可是当老师在叫学生不要睡觉时，若听到他们直白地回答你

"为什么！"的时候，老师们可能会自觉到，上课不能睡觉的时代已经渐渐地远离校园了，这年头上课可以睡觉才是王道……

　　身为21世纪的老师，只能精益求精，想办法让自己成为明星，学生虽然不用购票来上课，但却期待着你在讲台上的表现与风采。唯有这样，他们才不在你的课堂上睡着！套一句英国文豪狄更斯在《双城记》中的名句：

　　　　这是最好的时代,也是最坏的时代；
　　　　这是智慧的时代,也是愚蠢的时代；
　　　　这是笃信的时代,也是疑虑的时代；
　　　　这是光明的季节,也是黑暗的季节；
　　　　这是希望的春天,也是绝望的冬天……

第四节 "老师，我的手机你赔不起啦！"

现在要好好上一堂课，从踏进教室的第一步起，就很难期望所有的学生都能乖巧地坐在位子上等着老师到来。最常见的情况，就是三三两两的学生，围在一起看同学在打"神魔之塔"之类的游戏。有的时候，当老师没有课也在玩智能手机时，会看到学生上课时段在 LINE 的班级群或 FaceBook 上有讯息在互动，这真是一种无可奈何的心情。

说到上课没收手机这件事，乖顺的学生会老实地交上来，网络成瘾的会跟你拼命。每天光是因为手机这件事，造成很多学生跟老师的崩溃感！

◆

大约在 2009 至 2010 年，上课时都不会有手机充斥在每张桌子上下的情景，更不用说教室后面的插座上插满了各种移动电源及手机。如果你严格规定手机或移动电源都不能充电，那么学生会义正词严地告诉你他缴过学费，为什么不能充电！

站在老师的立场上，当然是希望学生的手机快点没电，这样就会自动降低学生上课时玩手机的比例！如果你实施铁血手腕，要学生一到学校就把手机交到班主任的手上，直到放学才还给他们。那么，一是老师要有可靠的保险柜来锁这些价值不菲的手机；二是可能会收到家长们的抗议信，因为他们临时有事联络不到小孩！所以，"老师，我的手机你赔不起啦！"这句话，是所有老师们心中的两难与痛苦！

大概就是这两三年智能手机普及了以后，"手机成瘾"与"网络成瘾"的比例真的很高。有的时候想想，高中生们也都十七八岁了，每天管他们使用手机的事情，真的像把他们当成小孩子在管，可是实际上，就算是大人们也都是"手机成瘾"族群。

假如学生拥有不错的品牌且型号很赞的手机，加上家长又肯花钱让小孩有无线上网的月租费，老师真的很难跟他们说"只要玩手机就剁手指！"这种话。即便校规跟巡视老师都明摆着说："玩手机是一大违规！"

上课时，老师除了眼观四路注意有没有人在吃东西、睡觉、做别科的作业，是否认真上课之外，还可以发现，只要低头超过五秒没有改变姿势的，百分之八十都是在玩手机。

这时候老师如果没收手机，乖顺的学生会老实地交上来，网络成瘾的会跟你拼命。有些跟同学借手机而被没收的，同学之间的友谊就会受到严峻的考验，所以，每天光是因为手机这件事，造成很多学生跟老师的崩溃感！讲到没收手机这件事，大概也是所有老师最头痛的一件事情。怎么处理得当，又不能老是送教导主任那里或按校规处理，这都是在考验老师的智慧。

现在要好好上一堂课，从踏进教室的第一步起，你就很难期望所有的学生都乖巧地等着老师到来。除非你是铁血宰相俾斯麦一般风格的老师，只要是善男信女类的老师，也只能花时间日复一日地重复同样的话语，请学生把手机收起来，把上课该用的东西拿出来……

再不然就是每堂课都想办法引起学习动机，让学生因为想知道新鲜的事情而暂时放下手机。说真的，现在当老师比20世纪以前的老师，困难度要高太多了！而且现在的老师还比20世纪以前的老师少了应有的尊重及老师该有的权威。

同样是老师，但不到20年的光景，校园状况真的是差很多很多！

第五节 "老师，我要请假！"

现在的学生还有几个人是在乎"全勤奖"的？因为对全勤嗤之以鼻，所以把请假看成"我的自由"，稍有不顺就要请假回家。那么未来，当他面对职场，从"学生票"换成"全票"的时候，也还是用如此自我的态度看待社会，这时，家长（或职场雇主）再来思考"现在的年轻人到底怎么了"是不是太迟了！

◆

在过去那个年代，还是会有很多人把"全勤奖"当一回事来看，如果学业或艺术类的成绩表现平庸，最后毕业时得了个全勤奖，其实众人也都会投以赞许的眼光。因为在小学六年或是初中、高中各三年的时光，不论哪一个阶段能获得全勤奖，都算是"对学习或是执行一件事有始有终的人"！

但是不知道 21 世纪的学生，到毕业时能拿"全勤奖"的人还有几个？可以确定的是，其数量跟 20 世纪比起来肯定是大幅下降。而且在领奖的时候，可能还会有同学在内心窃笑着："这个人是怎么会得全勤奖的！"

现在的学生可能只是一点小感冒就会请假回家，班主任多半是只要家长知晓并同意学生回家，就没有不放人的道理。而且这个病假仿佛是会传染的，只要全班有一个同学这样做，那么你会发现，第二天也会有其他同学请假回家。有的时候，要全班都到齐还不是一件非常容易的事。

依稀记得，20 世纪就学的我们，大概都是到了高烧不退、上吐下泻，或是病到根本下不了床……才会获得父母的允许，可以请假在家休息。也许是现在"少子化"的因素，每个孩子都是父母跟祖父母的心头肉，像呵护花朵般地被照顾着。但话又说回来，就算是古代的人，生超过七八个孩子，哪个孩子不是父母的心头宝呢？

还有另一种请假是隐性的自修假，以前的我们，越接近段考，在学校上课跟念书就越是会比平常积极，总觉得这时候的老师，说不定会提示个什么重点，要是没听到就惨了！

反观现在的小孩，越到段考，越不喜欢来学校，尤其是段考范围都教完，课堂上大部分都是小考的时候，他们会用"病假"来换取在家或是在补习班、图书馆念书的时间。

也许是这个年代，通信软件太过方便，所以即使有人没有到现场听重点，但同学总可以即时用通信软件来告诉其他人重点。至于你说留在学校以外的地方自修念书，效果会比较好吗？说实在的，还真的有不少学生就可以趁这个当下，临时抱佛脚地考出不错的成绩。这个时候，如果班主任"多管闲事"地打电话去关切，想跟家长谈谈学生遇到考试就请假不来的理由，可能还会被家长认为"管太多"！但是如果不管，这样的情形会越来越蔓延。

遇到考试就不来的同学到下次段考会越来越多的倾向，这并不是应该有的情况，但班主任并没有不能让人请假的权利。

这个问题我常常在思考，到底学生在段考前不喜欢来学校的原因是什么？还有，家长能允许自己的小孩因为想在家念书，所以要请假不来学校的原因是什么？很浅显的原因可能是因为不想参加小考，但是不小考，在平时成绩的计算上就会出现"缺考"字样。但很多学生似乎不在乎这些过程，他们只想知道"最低做到什么程度不会不及格就好"或者是"已经确定会不及格，付更多钱来上重修班就可以解决问题"。

不重视学期间的平时成绩考核，就这样一路从高中延伸到大学，当大学生缺课旷课、作业交不齐，考试成绩差强人意，最后成绩不及格的时候，许多大学生都会来质问教授："为什么让我不及格？我考试都有超过60分啊？"想必许多大学教授都遇过这些"骚扰信件"吧！

其实，可想而知这样常请假的学生进入职场之后，如果他们只重视结果，不重视过程，那么不管是在出缺勤、交策划书或是跑客户的执行过程和态度上，这些都会是问题。能够做好这些最基本项目的，坚持做一份工作至少一两年的话，那么摆脱不满意的低薪水或是另谋高就将不再是梦想。

我个人觉得，现在这个社会眼高手低的年轻人很多，他们大概自学校时代开始，就已经"以自我为中心"考虑问题成习惯了，所以没有办法体认到这个浅显的道理，直到在职场跌过几次教训深刻的跤之后，才有可能觉醒。

第六节 "老师,我的报告在 FaceBook 里!"

为了让学生们可以有足够的时间展现报告的成果,我会把 15 分钟的报告延长至 20 分钟,但从第三年开始,我就发现自己错了!

我发现,21 世纪的学生上台做分组报告,常常不到 10 分钟就一鞠躬下台。如果有超过 10 分钟的,就是前面的前置作业搞太久,加上因为分工合作的结果,竟没有一个人做整合的动作,所以上台报告时,有的资料在甲同学的 FaceBook 讯息里,有的资料在乙同学的 E-Mail 里。我们要在台下看着这些学生登入账号,找寻他们的作业资料。当然到最后,大伙在台下听到的,就是零散无意义的资料复述。

21 世纪的学生似乎不明白分组完成报告这项工作的真正内涵是:集思广益、头脑风暴、取长补短,整合发酵出令人期待的火花。最后他们做出来的成果,却演变成"减少每个人的工作量,这是得到成果的捷径……"这个时候,我们脑海里只会想到:如果我是老板,今天要听员工做简报,这样的东西在会议室里出现,一个月花 2.2 万新台币请他们都嫌贵!

◆

"教改"之前的学生,也许 20 年来都是一个样子,但"教改"

之后的学生，"一年一小变，三年一大变"。

为了配合"教改"及课程大纲的调整，在高中课程的设计上，多了以前没有的跑班选修课，就像大学生一样，在相应的课时，学生可以选自己要上哪一门课，而且是非升学类选修，因此上起课来，可以教课本以外的东西。我个人很喜欢这门课，因为老师可以自己准备教材，分享世界各地的人文风情及旅游经验，让学生们跟着历史课本的顺序，认识埃及、土耳其、希腊、印度、西班牙、日本、韩国等国家。每学期我都规定这学期的成绩是来自他们期末的分组报告，报告的主题就是"我心目中的世界七大奇景"。

三四年前，学生们都很认真地按照规定把 PowerPoint 做得很漂亮，资料算是经过了认真搜集的，分工也很明确，在报告的同时，还能说出为什么要选这些景点的原因，而不是只有网络资料的堆砌。一组 15 分钟左右，有些组别甚至可以讲到半小时。不过他们内容呈现出的七大奇景，多半还是耳熟能详的地标性景点，例如：悉尼歌剧院、尼亚加拉大瀑布这些。第二年，我列出几个全世界已经太知名的建筑物或自然景观，叮咛他们不能再写这些，要想办法开发新景点让大家认识。这次的成效还不错，至少可以看到很多不甚熟悉的国家，有些甚至是第一次听到的景点。但渐渐的，为什么要选出这些国家的动机，却在报告的内容里有减少的趋势。

究竟是这些学生太不把期末报告当一回事，还是因为这是"非升学类选修"，所以他们觉得可以随随便便？抑或是他们现在搜集整合资料的能力不如三年前的学生？

只是三年的光景，课程大纲调整了几回，学生似乎越来越不买账，学习意愿并没有显著提高，学习成就当然也就跟着成"正比"。

17世纪的英国人培根所提倡的归纳法，还有法国人笛卡儿著名的演绎法，影响了数百年来人类做学问的研究方法。"教改"不就是希望新一代的学生们，可以不要再受过去填鸭式的教育，不要当个只是会背答案跟应付考试的机器吗？但是十几年后，我们看到了什么？

"教改"教出来的学生只是比20年前更不会背答案跟写考卷，至于人生规划或是学习思维与模式并没有"更上一层楼"。

这些孩子们在害怕"毕业即失业"的现实情况下，一股脑儿地念本科、念研究生。在这些极度需要用归纳法及演绎法做学问的高等教育里，充满着因为逃避、不知道自己将来要做什么，或是盲目地服从长辈期望而来念书的年轻人，那么这些人写出来的学术论文，会是能替社会尽一份贡献的东西吗？

如今，大学里一直不断强调期刊论文的数目，借此展现高等教育研究的成果。如此"在数字上"展现可以挤进世界大学排行榜的多少名次以内，其实质意义到底在哪儿？我想，人们想看的终究不是资料的堆砌，而是有温度、可以引起共鸣与省思，以及体现了个人意志的文字。

第七节 "老师，难怪你嫁不出去！"

如果你是一位脾气好又和善的老师，五官端正，长相还算清秀，学生们会开始很热情地关心、讨论你结不结婚的问题；如果你在台上暴怒，或是没收学生手机、宣布要考试等，做出这些不讨学生喜欢的行为时，就会有学生把你"单身"这件事拿来当成工具，"捅老师一刀"地说着"难怪你嫁不出去！"或者"难怪你娶不到老婆！"的评语。

◆

学生关心老师有多少岁、身材如何的问题，从幼儿园到大学都一样。他们对于"老师有没有异性朋友"或是结婚的话题，永远都保持着高度兴趣！这大概是中国的国情问题，在西方国家是不会有人大咧咧地把这些问题当闲聊话题的，因为这属于个人隐私，但在中国台湾，却是教师跟学生打开话匣子的"通关密语"。

有更大部分人的偏见，认为过了适婚年纪还单身的，尤其是女老师，就会被认为"脾气怪异、喜怒无常、难相处"，这样的情形想必不会少见。有的时候想想，这社会由传统到年轻的一代，对于"单身"这件事其实还是充满歧视。

如果老师五官端正、长相还算清秀，加上又是一位好脾气且和善的人，学生们会开始从自己的哥哥姐姐、阿姨、叔伯辈、亲戚等各方面，开始帮忙想办法，热切地想帮单身的老师介绍对象。 有的学生是真心的，但很多时候只是把这个拿来当聊天的话题，顺便带动上课气氛而已。

　　万一有一天你在台上暴怒，或是没收手机、宣布要考试……做出这类不讨学生喜欢的行为时，"单身"这件事就是学生会拿来消遣的话题，说出"难怪你嫁不出去！"或"难怪你娶不到老婆！"这样的话。 如果刚好是"小白兔老师"，是个对自己站在讲台上教授课本知识以外的事情都缺乏自信的人，就会被学生的这句话给击倒。 也许是失恋的心头伤还没有淡去，也许是对自己根本没有自信，不相信自己也能获得真爱！ 很多在台上内心受创的老师，到最后还是要镇定地继续上课。

　　对自己很有自信的老师，就可以把这个当成教育机会，顺便补充点两性教育方面的知识，拉近师生之间的距离，这也未尝不是一件好事。 只不过还是想教育台湾的孩子们，要"懂得尊重别人生活的隐私"。 即使你觉得这位老师表面上看起来很活泼、很自信，但单身、结不结婚等这些事情，都不该是在上课时拿来寻开心的梗。

　　当然，老师们听到学生讲这些话也不要伤心，毕竟白目①的学生多，但贴心的学生也不少。 在我身边就真的有一些老师的对象，是经由学生介绍而来，后来促成一段美满姻缘呢！ 所以面对任何情况，永远都要记得勇敢！

　　要喜欢不够好的自己，因为更美的自己就在不远处！

---

　　① 在闽南语中，白目指搞不清楚状况，不识相，自作聪明，与"白痴"含义相近。

第八节 "老师，你该减肥了！"

不是每位"小白兔老师"都能够承受直白学生的批评，所以导致许多年纪轻轻的老师会以安全颜色及正常款式作为上班服的标准模式，因为这样穿久成了习惯以后，学生也不会拿"小白兔老师"的外表当作聊天装熟的话题。

虽然"小白兔老师"们会获得一段安生的日子，可是有时候想想，可以展现自己青春岁月的大把年华，竟就要在安全的工作服下度过了！有些本来在学生时代也是风光一时的型男、潮妹的老师们，一旦进入教师职场，这些"过去的荣景"就只能随风而去了！

如果真的要像《冰雪奇缘》中的艾莎一样"随它吧"，其实就应该抱持着不躲藏、不做乖乖小白兔、不隐藏自己真实性格的老师。可以尽情地展现自己，告别保守的工作服、中规中矩的发型，帅气自信地踏着步伐走向讲台唱着："随它吧，寒冷永远不再烦扰我！"相信这样展现自己"乐在教学"的老师们，不管外表、身材胖瘦，都会被学生视为"超酷"之人，以及成为他们想作为将来人生典范的代表之一！

◆

基于"每天都有几百张脸看着你"的这项工作，老师应该是"除了明星及模特儿以外，最不能发胖的一群人"！随着直白及爱跟老师吹牛、装熟的学生越来越多，老师们只要胖了二三千克，牙尖嘴利的学生们马上就会"中肯地"表达出来。 你可以说他们是口无遮拦、没礼貌的学生，也可以把他们的话当成免费的减肥利器，有一天当批评尖酸到连自己都听不下去时，就是慎重下定决心减肥的时候了！

话说这些"神魔学生"平常写作文时，题意认知不清，形容词重复、无创意，但是在批评老师身材时，灵感仿佛如滔滔江水。 当老师胖了两千克走进教室时，他们会说："老师怎么不穿马甲？"当老师胖了五千克时，他们会说："马甲应该穿不下了！"不然就是说"最近吃很好喔！" 这些明嘲暗讽的字眼来批评老师的身材。

听到"神魔学生"拿老师的身材开玩笑时，请"小白兔老师"们不要生气，至少他们在关注你了！ 能得到"神魔学生"的关注，已经赢了一半。 给他们点回应，即使他们对老师教的这个科目再没有兴趣，也不会令"小白兔老师"们疲于奔命地管理万象丛生的教室，原来"身材"竟可以安然、奇异地用来平衡、完成每一堂教学！

我的一位小白兔同事就因为听多了"神魔学生"对她的身材及变胖一事有着极尽批评等直白、消遣的字眼，最后干脆"一不做，二不休"，直接跟"神魔学生"打赌，如果她瘦下来几千克，全班同学要请她吃一块鸡排；反之，如果她没有达成目标，就要请全班每位同学一人一块鸡排。

赌约一下，老师立刻到保健室去称体重以示公正。 最后我的小白兔同事瘦得又美又匀称，堪称美魔女也不为过。 所以当学生说"老师，你该减肥啰！"的时候，请化悲愤为力量，化力气为糨糊（"还珠格格"小燕子上身了！）也许，除了可以得到老师分享知识的满足感以外，还会有另一种成就感喔！ 最重要的这些触动你减肥的声音，还都是一分钱都不花的呀！

第九节 "老师，你怎么比我妈还老？"

根据多年来集众多教师的经验，学生数十年来必问的问题就是："老师，你几岁了？""老师，你结婚了没？"他们最终的目的是想拖延上课时间，找话题跟老师攀谈，如果问到未婚的，就会突然燃起精神，振作并启动上课模式，用热烈的眼神想再多了解眼前的老师。

◆

虽然说晚婚已经是社会普遍现象，然而是"败犬"[①]还是"黄金剩女"[②]的相关文章仍然可以在浩瀚的网络海洋中不断被转贴，做不完的心理测验永远都在告诉你今年交桃花运的指数有多高。当许多人觉得"年过三十还是单身一点都不奇怪"的同时，还是有广大的一群人在还没有二十岁的时候就已然走进婚姻殿堂，找到了生命中的另一半。

犹记得当我还是三十出头的年纪，站在初中教室的讲台上时，学生按照惯例问完"老师，你几岁了！""老师，你结婚了没？"两

---

① 出自日本畅销书《败犬的远吠》，一般指年过三十仍未婚的女性。
② 指外表光鲜、内心开朗、有较强经济实力，不惧人言，始终坚持自己的人生道路的未婚女性。

个问题后，便突然来了句：“老师，你比我妈还老！我妈还没有18岁就生我了！”那种五雷轰顶的程度，一直到今天，当有高中生跟我说一样的对白时，还是让我不能理解，究竟是我太老，还是学生的妈妈太年轻！

后来的每一年，我几乎都会遇到这样的学生，一直到现在，还没有二十岁就结婚生小孩的妈妈，真的比想象中的还要多。多年来的体验，使我抱持着一个想法——这一行绝对不能做到退休。随着年华老去，在学生面前引起讨论话题的动机就会一年年减少，当有一年出现"老师，你比我奶奶还老！"的时候，相信那一定是无法形容的惆怅感！

说真的，如果说老师这份工作是需要大量体力、一定程度的知识量以及过人的耐性，的确没错！而且还要有比宰相肚子更大的胸襟，才有资格站在讲台上。不过，我在这里再认真地加上一条："身为21世纪的老师，得年轻与外貌两者并重。"如果你不同意，那么请你站上台讲一节课，与这些天真又直白的孩子们对话，就知道这一经过多年验证的深刻体验是从何而来了！

第十节 "老师，为什么你只是代课老师，明年还会是你教我们吗？"

在"教改"实行超过十年的光景下，重视成绩的家长并没有减少，反而越来越多。因此，在仍然是分数至上，以及考上的是否为名牌公立大学及名校、名院系的取向之下，多数家长或是学校的考量，还是会认为代课老师能力不足，有些家长甚至会觉得，如果他小孩的老师是代课老师，就是学校不重视那个班级的表现。

很多新闻媒体对教育的现实情况并没有做深入了解，所以每次一到开学前后，大众会看到，总是会有关于代课老师的负面新闻，这影响了很多人对代课老师的信心。

试问每一项工作、每一个职位上有所成就的人，哪个不是先从菜鸟做起的？菜鸟有菜鸟的好，资深有资深的优点，人要学会看不同人的优点，扩大眼界及胸襟去包容与接受，人际关系的处理是在团体生活里最该学习的一环，难道不是吗？

◆

大家都知道台湾"少子化"的情况很严重，所以许多学校遇缺不补。没有学生，干吗聘请老师！加上聘进来一位正式教师，就是要为他将来几十年的教职生涯及退休金负责任，在不断喊着财政困难的现在，要学校开出一个正式教职缺，需要经过慎之又慎的考虑。那么，该如何解决教学人力的分配？ 聘请代课教师（需要相关科目的教师证）就是好办法。 如果连代课教师都聘不到，那么退而求其次是找钟点教师（有教师证优先）。

这些老师大部分都还是将正式教师的工作视为人生目标，为了来年可以考上教师甄试，所以多数代课老师都会在自己的岗位上兢兢业业，因为想把握机会熟悉教材，增加与学生互动的机会，对未来的考试也有很大的帮助。

当然，代课老师有一部分是菜鸟，他也许对教材及考试重点的熟悉度不够，但大部分都是很有热忱的。 另外还有一部分的代课老师，虽然是代课，也可能在各校流浪多年，但他们的资历未必是不足的，而且还适应过更多不同地区及不同特质的学校，面临过五花八门的学生，这些流浪的代课教师，未必欠缺教学经验。

如果代课老师有那么不好，那么为什么还是会有这么多的学生，会在学期末就担心地问："老师，下学期还会是你教我们吗？"

一个老师的教法不可能让所有人满意，就像一个人不会让所有人都喜欢一样，但是代课老师可以保证的是：他们是每年都受到检查和审视的一群人。 至少，他在成为某一所学校的代课老师之前，必须要通过该校的应聘甄试；又或是当他进来学校以后，会有教学观摩演示，让其他正式教师提出意见，互相交流。

在这年头可以大声地说：代课老师应该是可信度最高的一群人！ 因为在接聘书之前，要配合政府的政令，到警察局去申请"良民证"（无犯罪记录证明），到公立的医院或卫生所去做身体检查，照 X 光检查有没有肺结核。通过一堆资料证明代课老师是清白干净的人之后，才可以进入学校殿堂工作。如果你说："我去年检查过了，今年还要再重新申请一次相关资料吗？"有的人事处小姐还会跟你说："你去年没得病，不代表今年不会得病！"

关于这一点我一直在想，已经在同一所学校服务多年的正式教师，有人会对他们提出至少每三年要附上一次上述所说的"良民证"和健康检查等资料吗？

如果学校担心聘请到一位有问题的代课老师，那么已经在校园里工作的老师就不需要有合理的标准检查流程吗？正式教师的身心就一定健康吗？如果依照人人平等的观念来看，为什么在这个部分上，代课教师就该永远是处于次一等的状态？

第五章　搭直升机来的"怪兽家长"进了校园

当"怪兽家长"进了校园，孩子是否就成龙成凤？
还是靠爸、啃老，甚至甘愿乞讨？

第一节 "孩子功课很好，为什么上课不能做别的事？！"

语文课准备英文小考、历史课算数学题、英语课写地理作业……遇到和善的老师的课就拿来补充睡眠。

少男少女们沾沾自喜，认为自己好会利用时间。

姑且不论这样变相的"利用时间"会有多少成效，因为学生有可能真的天赋异禀，可以一心多用。有可能放学后会去补习班，因为所有的东西补习班都会教，而且补习班的名师也许会上得比学校的老师还好。可是学生们忘了最重要的一个原则，叫作"尊重"。

◆

20 世纪，还没有那么普遍的 24 小时商店，网络的速度也没有那么无可企及。身为学生，如果 11 点以前还没入睡的，应该就是真的晚睡。

然而现在，在"几点钟睡觉"这件事上，连自己都说不准的家长大有人在。例如 12 点以前得睡觉，但父母还在网络世界流连忘返，或是拿着遥控器不放时，孩子是很难能在 12 点以前睡觉的。因为孩子从小有样学样，父母的身教重于言传，睁眼说瞎话、言行不一致的家长很难管教住小孩。

第五章　搭直升机来的"怪兽家长"进了校园

这年头，永远都睡不饱的小孩占多数，因此现在的学生演化出一套方法，那就是看第二天的功课表，挑选出可以上课睡觉的老师、可以上课看其他科目书的老师，以及一定要认真上课的老师。21世纪的学生可以好好利用学校的时光，把原本该在家里做的事情通通拿到学校去做完。然后你会发现，体育课、家政课、音乐课、社团课，这种让学生能实际操作的课程，他们最清醒又最乐意自动参与。

至于语文、数学、英语、社会、自然这些主科课程，就要看当日是否有小考、是否有急着要交的功课，以便决定安排当日的课程时间。例如：语文课准备英语小考、历史课拿来算数学题、英语课用来写地理作业……遇到和善的老师的课就拿来补充睡眠。少男少女们沾沾自喜，认为自己好会利用时间。

可是他们忘了最重要的一个原则，叫作"尊重"。

老师唾沫横飞地在讲台上授课，重复着此生不知道讲过多少次的内容，但却仍然把每一次当作第一次教学般热情解说。当老师有这样的教学热忱时，他是在做应该做的事，这是老师的工作，也是应该要有的职业道德。面对这样的状况，年轻的少男少女们难道不需要给予尊重吗？

当学生口口声声要老师尊重你们的时候，学生何尝有把"尊重"两个字放在心底，打从心眼里觉得要尊重眼前的师长！

最奇妙的是，这年头许多家长似乎也都忘了"尊重"这两个字怎么写。家长生怕人家不尊重他们、不尊重自己的小孩，但他们可知道"人必自重，而后人重之"？常见的"怪兽家长"的个案就是：我的孩子功课很好，为什么上课不能做别的事情？

答曰：因为学校教育训练的不只是学业，学期最后给的成绩不只是学业成绩。如果连你爷爷奶奶那个年代都知道"品行比功课还重要"这个基本道理，那么就请家长不要再讲这种不经大脑思考说出来的话。

难道21世纪的家长仍不知道这样不尊重的行为、不良的身教，非但解决不了小孩的问题，反而是害了他们吗？

第二节　敬重和自省已经遗失了吗？

当小孩玩手机被没收，家长咆哮地说"这手机老师你赔不起！"的时候，家长真正赔不起的是对你家小孩付出的关心与爱心。家长的咆哮让孩子从此以后少了一个愿意为他付出力气、管教他的老师！

也许家长们在职场就是面对这么多的不公平，所以一旦有机会发泄时，也不自觉地想有样学样。但是在 20 世纪，我们常常听到父母告诉自己的小孩："有错都是自己的错，不要先去怪别人。"这个"自省教育"，到了 21 世纪时，究竟跑去哪儿了？

◆

正所谓："头等人，有本事，没脾气；二等人，有本事，有脾气；末等人，没本事，大脾气。"会吵的小孩有糖吃，这样的社会氛围，只是在让自己成为一位众人眼中"有欠缺"的人！因为这样的人，吵完后得到了糖，却失去了他人对他的敬重！

家长回应说："敬重，可以当饭吃吗？"我想问："你真的缺饭吃吗？"身处在富裕的台湾，"199 元、299 元（新台币）吃到饱"到处充斥，这些嚷嚷着自己没吃到糖的人，真的过着三餐不继的日子吗？全世界有 10 亿以上的人正面临着粮食短缺的问题，如果真的吃不饱，再对"敬重"二字不屑一顾吧！世界上有许多地方的人，即使过着水准线以下的生活，却还是愿意分享、愿意敬重别人。因为这正是人类的美德与正能量，相信他们即便物资上是缺乏的，但心灵是快乐的。

或许那些"严以待人"的家长，自以为在地位及气势上很风光，认为自己"有能力"，所以可以尽情挑剔、挑毛病，"都是别人的错，不是我的问题！"在 21 世纪的校园中常可见这样的家长，而且还培养出很多持一样价值观的孩子，"严以待人，宽以律己"竟一代一代传了下去。

当孩子在学校欺负同学，让别人受伤流血时，不少家长只想用钱来打发，不愿意让小孩跟同学道歉。他们以为这样可以彰显高尚身份，却不知道自己已经成为"末等人家长"。别人只会因为家长的这些表现更加瞧不起他的孩子，即便不说出来！因为这里是学校，不是现实社会、职场！做错事的孩子失去了学习处理人际关系，以及面对自己错误的好机会。

当孩子与别的同学打架，不少家长到学校没搞清楚原因就抓着人打，来替自己的小孩出气，有的家长在事情结束后发现打错了人，还怒斥老师没有阻止他。这样的人除了是末等人，还是可怜人，或许这样的人的爸妈从小就没有给他承认错误及面对自己不足的机会，所以几十岁的人了，还得要把错误推给别人才活得下去，继续一辈子当个弱者。

也许家长们在职场上面对了许多的不公平，所以有机会发泄时，也不自觉地想有样学样。记得在过去，当自己在学校遭受到什么不公平或是令自己不高兴的事情时，妈妈都是站在别人那一边：所有的错都是你自己的错，不要只会怪别人！我想，很多跟我同一个年代，或是比我年长的读者，应该都有相同的经验。当时的自己没办法理解为什么我已经够伤心了，妈妈却还站在别人那一边！可是到现在，我非常感激，当时如果不是妈妈这样的教育，今天的我就会是个"只懂接受，不懂付出"的人，人生会变得非常无味，而不是像现在有着多彩多姿的样貌！

然而，这种自省的家庭教育，在 21 世纪的现在似乎越来越少见到，我一直在想这到底是什么原因。

自省是一件非常重要的事。很多人花大把的钱去外面的身心灵工作室学习静心，就是在对自己做自省的功夫。借由面对自己的不足，疗愈内心的伤口。越容易愤怒的人，就越容易有匮乏感和恐惧感。

如果从小就教导孩子学习自省，不也就是在为孩子省下将来的学费！让孩子及早成为可以面对自己缺点的人，喜欢不是那么完美的自己，进而接纳别人、获得敬重。说到底，父母内心最大的愿望，不就是希望孩子健康、快乐地生活吗！那么，为什么不从小就给予孩子自省的教育，竟却成为第一个替他挡事、出气的人呢！

第三节 凡事都奉行双重标准?

许多老师身兼家长,一方面了解现在教育的所有怪现象,但另一方面却一样用传统价值观在教育自己的小孩。

向老师抱怨考试考太难,小孩看到成绩会难过;抱怨功课布置太多,小孩写不完会崩溃。比排名、比分数、比能不能念到明星高中、比念哪一所大学……

如果身为老师,都觉得许多价值观是错误的,许多家长的行为及要求是诡异的,那么,就要时刻提醒自己,不要成为别人口中的"直升机家长"或"怪兽家长"。

◆

这世界上充满着用双重标准来衡量的事情,上到国家政治,下到家长问老师:"为什么我的小孩不能穿拖鞋去学校?"我想说:"如果你也穿拖鞋去上班的话,那我可以勉强接受你的小孩在学校穿拖鞋!"

在20世纪的大学殿堂里,还有许多老教授,不管是点名还是期中、期末考试,只要看到学生穿拖鞋来的,就会叫他离开教室。因为这是对学习场所的不尊重,如果教授都必须穿着得体,那么为什么学生不用!但是现在的大学教室里,会重视这样的细节的教授,

第五章　搭直升机来的"怪兽家长"进了校园

不知道还有多少？ 更多的是，只要看到学生肯出现来点名，就会甚感安慰了吧！

现在的校园，大部分的老师即便穿着跟时尚扯不上关系，但至少是整齐、干净、得体的。 如果这是老师对他这份工作的尊重，那么学生穿着制服及运动鞋、皮鞋到学校上课，不也是对自己的尊重吗？

当大家在网络上讨论着台湾哪些高中的制服好看，讨论着其他大学甚至日本的高校制服多好看的同时，有哪一所被说制服好看的学校，他们的学生是穿着拖鞋在上学的？ 如果一边想着要穿拖鞋和内衣来上课，一边又抱怨制服很丑的话，就只是一个对自己不够尊重的人，永远只能做"羡慕别人"的人。

当家长身为社会精英，也许是大学教授、也许是企业老板时，能有今天的成就，一定是过去做了许多的努力，历经磨炼。 然而，许多精英家长正在用双重标准剥夺小孩可能成为社会精英的机会。

向老师抱怨考试太难，小孩看到成绩会难过；抱怨功课布置太多，小孩写不完会崩溃……然而，身为家长的你，能否也会同样对待自己的员工或学生？

怕他们做太多事会难过，交太多作业会崩溃。 又或者，一方面跟老师抱怨，另一方面又把小孩送去补习班，最后成绩出来，不符合期望，再大骂教育失败，说这是个只会看成绩的社会！

身边就有许多老师身兼家长，一方面了解现在教育的所有怪现象，但另一方面一样用传统价值观在教育自己的小孩。 如果身为老师，都觉得许多价值观是错误的、许多家长的行为及要求是诡异的，那么就要记得提醒自己，不要成为别人口中的"直升机家长"或"怪兽家长"。

第四节 施比受更有福?

当父母想偷懒、便宜行事,把"应该是父母要做的事,推给老师去做"时,身为正常人,就应该要想到老师也跟大家一样是人,不要拿"施比受更有福"的大帽子扣在老师身上,并请记得还有"己所不欲,勿施于人"这八个字。

◆

前文提到,当老师是一种常常"做赔钱生意"的职业。虽然当老师的,给个口头称赞仍然是有它的效果存在,但怎样都不敌老师自掏腰包请学生吃东西、送学生小礼物来得有宣传效果。

老师不是民意代表或政府要员,还有特殊津贴可以自行视情况运用。老师的每一分钱也都是自己辛辛苦苦赚的血汗钱。

不知道为什么很多学生跟家长都觉得老师好像赚很多钱,钱多到可以无私无己地为学生付出!好像老师都不用养家糊口,老师都没有贷款要还。就算两样都没有,老师也想当猫奴或狗奴,也想捐钱给独居老人或是世界展望会[①],不行吗!

当要学生为他们的公共开销或是课程活动额外缴费时,常常可

---

① 一个基督教慈善机构,由美国人鲍伯·皮尔斯倡导成立。

第五章　搭直升机来的"怪兽家长"进了校园

看到，即使金额小到十块钱台币，竟也可以收两个月还收不齐！

若是几百块的大钱，学生就会说："老师请客！"若是五块钱的小钱他们也会说："老师付就好啦！这点钱也要跟学生计较！"

这时候老师的心里就会纳闷，这些小孩如此占人便宜的想法到底是从哪里冒出来的？连最简单的"使用者付费"这样的道理还需要人教吗？

后来就会发现，原来社会上到处充斥着一种"怪兽家长"，认为老师"肯付出就是被尊重"！

所以，这些家长有问题要打电话给老师时，会只响一声就把电话挂掉，留下号码的意思就是要让老师回拨，顺便希望老师把这笔电话费账单一起付了！

家长只有一到两个小孩，了不起三到六个，但老师随便就有超过两位数以上的学生，是回拨还是不回拨？如果家长认为"要老师回拨"这样的行为没有什么不妥，那请站出来举牌子到街头替老师们提出诉求，要求给予老师"电话费补贴"，因为"老师连下了班都不能关机，该恪守师道接家长的电话"！

当家长认为自己有权利直接打电话到学校的行政单位，告诉他们老师"应该"要用工作以外的私人时间，到学校陪小孩留校自习时，家长就"应该"要先对老师说声"请"或"不好意思"。

当家长认为老师"应该"在无偿的状态，牺牲自己的私人时间陪你的小孩念书时，就要知进退地不能要求老师还要准备点心给小孩吃，因为怕小孩念书时会肚子饿。家长说："这是很合理的要求啊！一切都是为了孩子在着想，为什么不能要求老师这么做？"

答曰：因为老师也是人。当你身为父母，需要休息又想省补习费等各种费用，把应该是自己要做的事推给老师去做的时候，就要想到老师也跟你一样是人，需要休息，也有日子要过。

当家长想便宜行事，拿"施比受更有福"的大帽子扣在老师身上，那么请记得"己所不欲，勿施于人"这八个字。如果你的老板节假日叫你来加班却没有加班费，还要自备水果点心来给老板跟他家人当早午餐，告诉你说这样做是对公司业务有帮助，但你年底没有分红可拿，你会怎么想？

如果上述行为会使你感到非常开心的话，那再请你去要求老师也跟你一样欢欢喜喜地做吧！

第五节　老师得帮忙看小孩有没有吃青菜？

我一直在想，如果青少年知道自己的很多事情都是靠父母在张罗，而且还是半强迫拜托老师的时候，内心是会觉得高兴还是丢脸？

我个人认为，能表达高兴或丢脸都还算好，最怕的是，现在有太多小孩是"无意见、无表情"！因为他们没有认真对待学业和生活，只觉得有人管吃管住，可以继续打游戏、继续上网，过自己的日子就好。有些21世纪的学生根本不知道自己到底希望人家怎么对待他，或者，连要或不要都没法完整表达！

如此"无意见、无表情"的孩子，能期待他到大学毕业以后，会突然灵光一现地知道该怎么面对现实社会吗？

◆

记得在20世纪80年代左右，那时候的中学生没有所谓的家长联络簿，每天要交什么功课、明天要考什么都得自己记在笔记本上，忘了的话就该自己承担后果。

我个人认为，也许是这20年来，联络簿及安亲班实在太过普遍，有东西可以依赖之后，人的独立性跟自主性就会下降。"被动"应该是人类天生的劣根性之一！总之，安亲班普遍之后，解决了很多家长要去上班，没人盯着小孩写功课、指导功课、陪小孩一起说话玩耍的问题。

不少人认为，只要付钱，就会有人解决家长在上班时间小孩的一切问题。这种习惯在小学六年形成之后，初中、高中生没有安亲班可以去，接替地变成以成绩为主轴的补习班，所以不少日常生活的琐事，变成学校的班主任要接手的工作。如果不做，就是不够关心小孩，家长随时可以不管三七二十一地直接去跟学校的行政单位告状、打电话。

我在马来西亚华人学校当校长的时候，坐在校长室接的电话，不是讨论什么华文教育在马来西亚如何实施的重要议题，也不是替该校募款要怎么办活动。接到的最多的电话，是家长打来的，问我今天几点放学！或是有黄蜂叮了学生，要打电话叫消防队来摘蜂窝！

那个时候，真的觉得自己作为校长却什么事都要做，为什么这些问题不是由学生处或者教务处在处理，而是要由校长来回答！当时的我，内心还深深自豪台湾的家长在这方面真是好太多了，至少不会随便就打电话到行政单位。但四年后的今天……

在我又回到台湾的高中职场摸爬滚打了四年之后发现，台湾的家长竟也有一样的问题。如果对该班的老师不满意，最直接的做法就是打电话给行政单位，而不是找老师或学生一起当面沟通解决问题！

因此老师渐渐地有菲佣的气质，明明没有领保姆津贴，却要做一大堆保姆在做的工作！

第五章　搭直升机来的"怪兽家长"进了校园

有的小学老师会发喂药单给学生，只要有需要老师提醒吃药的，家长就要填喂药单给老师。 然后，一直到小孩都是高中生了，竟然还是有家长希望老师叮咛小孩吃药！ 还有家长交代老师要记得每天中午去看自己的小孩有没有吃青菜，顺便补上一句"因为他会便秘"。 更过分的是，家长自己叫不动小孩，就叫老师要像宾馆的叫醒服务一样叫小孩起床上学，或是叫小孩回家记得念书……

不清楚小孩知不知道家长拜托老师做这么多"包尿布"之类的工作，如果他们知道这是父母去拜托老师的，会感到高兴还是丢脸？ 不过，高兴也好，丢脸也好，最怕的是现在有太多小孩是"无意见、无表情"。

有的孩子根本不知道人家该怎么对待他，或者，连要或不要都没法完整表达。 这样的孩子，你能期待他知道自己未来要什么，不要什么吗？

当家长继续这样把青少年当幼儿园小朋友在教养，继续半强迫地希望老师担任保姆工作，那么，这个社会只会出现更多的"靠爸族"和"啃老族"！ 至于家长们，只是在剥夺孩子学习、成长的机会，是在害他而不是在帮他！

第六节 "我认识议员、记者，给我小心点！"

"问政式"的家长，是现在很常见到的类型，喜欢用质询、问政的方式来跟老师沟通。其实不是不能"问政"，但是语气及态度很重要，毕竟老师不是家长的下属，家长也不是老师的债主。

很多老师不明白家长讲话为什么一定要这么咄咄逼人。

◆

在21世纪，有许多家长把自己当成民意代表，而且也像电视上会播出的画面一样，喜欢用质询、问政的方式来跟老师沟通、表达意见。不管在什么地方，在别人质询及述说意见的时候，语调一定要"非常激昂"。由于受新闻媒体的影响，激动的画面才有可看性，才有引起动机及话题的效果，导致连家长在与老师沟通时竟然也不知不觉受到影响。似乎，利用这种带有激动、威胁情绪与不信任的质疑方式说话，才能得到想要的结果。

会有"问政式"的家长，一是他们有背景，如果老师对待自家小孩的情况不尽如他意，便张口闭口都是要"开记者会"或是"找议员来"。

曾经有家长由于身份是"某大学教授"，所以认为班主任让学生

第五章 搭直升机来的"怪兽家长"进了校园

自由选座位这件事不合理,因为没有关心到小孩身高是多少的问题,以此想开记者会威胁老师。"小白兔老师"们遇到这种情况,即使内心想说的话是:"真的会有记者来参加这种议题的记者会吗?"但还是要语调诚恳地说明情况,表达"让学生自选座位也是某些老师班级经营的一种方法,是学生们会买账的一种行为"。

自己选座位这件事,究竟有什么必要性可以夸张到要开记者会? 这样不也是滥用社会资源? 为什么对于这样会造成他人困扰的行为,我们的社会不能积极制止,也不能把家长列为学校的"家长黑名单"? 就像某些旅客在飞机上屡犯不当行为,航空公司可以将该乘客列为拒绝往来户、谢绝其登机,以维持飞行的顺畅。 如此做法,复制到校园是否也可行呢?

为什么社会经济地位较高的家长,会对自己小孩的老师充满不信任感,甚至质疑教师的专业? 是因为自己太厉害,所以都以自己的高度在看待一切事情,还是根本不放心自己的小孩给自己以外的他人教育? 如果是这样,那么自学也是一种途径。

如果家长觉得自己的能力足够,就可以考虑一下自学,这未尝不是解决"对校园有不信任感"的一种方法。 但如果自己没办法做到自学,就请诚心地信任那些教育你家孩子的老师吧!

还有一种家长,自己未必有什么显赫的背景,但却"喜欢表现"。 尤其是在家长会这样的时间点,仿佛向老师"问政"后,就可以提高小孩在老师心中的地位。 但这样多半只是收到负面效果而已。

其实家长不是不能"问政",只是语气及态度很重要。 毕竟老师不是家长的下属，家长也不是老师的债主，讲话不需要这么咄咄逼人。再怎么说，校园内的伦理，如果从家长开始就认为不重要，那么好的观念要向下扎根就真的很难。校园里要做的，是让已经失去许多基本礼貌的 21 世纪学生，重新找回正确的伦理与人格态度。

"吃软不吃硬""伸手不打笑脸人"永远都比"硬碰硬""撕破脸"要能解决问题。如果家长真的认为哪些地方不妥，理性、和缓地来沟通，效果一定远比激动式"问政"要来得有效。重点是要解决问题，替自己的小孩争取福利，好好的沟通才是重要的！不是一定得要先发制人，一下子就把老师"压制住"。

就现在许多家长跟老师沟通的现实情况来看，"礼貌"这件事，不仅在学生身上已经渐渐找不回，甚至很大一部分的家长，也都认为不重要了！

过去校园里的好光景式微后，想想，真是令人不胜唏嘘啊！

第六章　脱下怪兽装，家长可以这样做

若"家长不胜任"，可以把小孩塞回肚子里，重新教育过之后再送回学校吗？

第一节　家长也应该参加强制性研习

人都需要终身学习,正在岗位上的工作者需要在职训练,那么身为家长这么重要的身份,也非常需要"在职训练"。

关于教养,有很多人心有余而力不足,那么提供家长这样强制性的研习渠道,虽然方法不够讨人喜欢,但借此拉近老师与家长、孩子与父母之间在生活上、在学业上的关系也未尝不好。如同每学期都有的亲职教育①日(家长会)一样,替家长办强制性研习,我个人觉得是相当值得慎重考虑的事。

◆

为了配合"12年国教",每一位中等教育的老师都要被压着脖子去上研习。研习一共分成:有效教学、"12年国教"基本理念、差异化教学、多元评量、适性辅导等五大类,一共18个小时。不管成效如何,至少为了这18个小时,有的老师直接去接受培训成为种子教师,到各大校园去巡回演讲,其他的老师也扎扎实实地坐在下面度过了18个小时的青春岁月,还有很多大大小小的线上研习及

---

① 亲职教育是从家庭教育演变而来的一个概念,是关于怎样为人父母的教育。

第六章　脱下怪兽装，家长可以这样做

测验。

如果社会有那么多的文章跟批评声浪，不断地在说："不适任教师""有问题的教育制度"，面对这些问题，教育管理部门至少也很程式化地办了这些研习，虽然成效很有限，但研习的初衷是善意的，这不可否认。

如果家长认为不胜任的教师就要有途径去解聘，那么我真的很想问："不胜任的家长可以把小孩塞回肚子里去，重新教育过一次再送进学校吗？"

面对社会"一年一小变，三年一大变"的现实情况，我很认真地在想，为什么没有"强制家长也要参加研习"的规定？如果政府的政策一下就要老师都去参加研习配合实施，光是这些人就能够明白政府想做什么、在做什么，这样足够吗？

作为教育三大支柱之一的家长若没有跟着更新资讯，那么光是老师跟学生一直在研习有什么用呢？

就跟考驾照一样，每个人都应该要通过交通安全法规的笔试才可以上路，那么像这样重大的教育改革，只要是孩子正值上初中、高中的家长，是不是也应该要有基本的研习课时，统一地去了解这些政策？至少接受资讯的来源一致，有什么不满或意见，再去各自发挥，这远比许多人的资讯都来自道听途说的"懒人包"，①结果还似

---

① 美国一个叫"Newsy"的网站曾创办过一项叫"新闻懒人包"的业务，由专人收集当日的新闻报道，整合起来制作成两三分钟的短片播放，意在帮助时间紧张的工薪族（"懒人"）在最短的时间内全面了解热门新闻。这一类"懒人包"资讯，只求快捷，不讲深度，是短平快时代的必然产物。

懂非懂来得好。

如果父母可以强制孩子去参加补习班或上课后研习，那么面对教育这样的大事，孩子及老师非常有资格"要求家长也应该要来上课"！对小孩教育没意见的人更应该要来研习，因为大多数没意见的人是不了解、太忙碌、管不动小孩的人。怎么能把教育问题只丢给学校及老师呢？难道不用硬性规定教育中至关重要的父母吗？

不知道有多少人会认同我这样的想法，也许嗤之以鼻的人会更多一些。可是平心而论，人都需要终身学习，正在岗位上的工作者需要在职训练，那么身为家长这么重要的身份，也非常需要"在职训练"。

说到教养孩子，有很多人心有余而力不足，那么提供家长强制性的研习渠道，拉近教师与家长、孩子与父母之间的关系也未尝不好。替家长举办研习会，我个人觉得相当值得考虑。

第二节　给小孩一张自助旅行机票并不算过度宠爱

　　股票、基金、外汇、黄金、房地产这些都是常见的投资项目，有可能让你钱滚钱、利滚利，当然也有可能让你赔钱。

　　可是有一种投资看不见即时的红利，却会让你受用一辈子，那就是投资你自己。 不论是健康、外貌、才艺、技能……你所培养的是无价的自信心与快乐，还有勇敢及有实力面对每一次生活的高低起伏。

　　只有才华会一辈子不离开自己，所以充实自己的内在，才会减少被人摆布操控的机会。

◆

　　在小孩未成年前，几乎可以说八成以上的家长都认为，投资小孩就是让他们学一大堆才艺，其中又以音乐、外语、体育类为大宗。可是等到上了中学，若不是专攻，你会发现学了几年的乐器不再学了，学了几年的跆拳道不再学了，会一直学下去的就剩下英文。 然后就是针对学校科目及未来升学考试的补习课程。

　　在多数家长的心中，认为要价不菲的补习费，是不可以省的开销，是对孩子最好的投资。

　　可是什么是投资？ 针对会考、"学测"而补的是投资，那么考上好学校之后呢？这些被列为短暂记忆只适用于应付考试的知识，很快地随着利用价值已经结束而跟着消退。不消说，连理想的学校都没有办法考上的概率也是很高的。

可是若问问这些孩子，在中学时代学过的才艺，五线谱还是看得懂的、游泳还是记得怎么换气的，这些看似没有实际价值，却扎实地打进了心底，成为将来他们说不定什么时候就会用得上的一项技能。即便家长不知道机会是什么，机会什么时候来，可是我们知道机会永远给准备好的人，不可取代性永远胜于普遍性。

但是，这样的概念有多少家长愿意面对与承认：辛苦赚来的钱，投资在为了升学考试而准备的补习费上；孩子一生只有一次的青春岁月，投资在了补习班的座位上……

家长可以选择把课余时间当作给孩子的资本，让他懂得去运用，把时间当资本。运用得好，学会了很多课本以外的知识，孩子会赚了很多东西；不会运用时间资本的，就赔掉了自己的课余青春，可是他们还年轻，有东山再起的时间资本。这样的概念，应该在孩子青少年时就开始培养。

投资的资本不一定是金钱，成功的投资结果也不一定是收获更多的金钱，对价值观的概念应该要具有宏观性与开放性才对。

等孩子上了高中、大学，也许家长就有过去几年省下的补习费，可以当作给孩子的第二笔资本，帮他们买张机票，开始教学相长地一起帮助孩子规划得来不易的寒暑假。教他们要怎样运用有限的经费，接触更宽广的世界。而不是再活生生地扒自己一层皮，把真金白银缴给了游学团[①],再给孩子零用钱,让他们跟着游学团喝洋墨水,念几天外语,当这样就是国际观的培养了。

家长们,如果你们的观念没有跟着更新,赚再多的钱都没办法存够、存满到成为孩子的教育费,因为投资小孩的概念跟投资基金、股票等市场是不一样的。

很多家长永远只能看着网络上的文章转帖、分享,聊着"怎么外国的小孩就可以怎样""为什么台湾地区的小孩没办法怎样",然后来个东西大比较。老实说,其实就是因为家长在家庭教育这一块的观念没有与时俱进,没有勇敢地向错误的价值观说"不",所以你永远只能拿别人的成功的文章转帖、分享,文章里面的主角不会是自己的孩子。

---

① 一种主题旅游,同时提供旅游加学习。

第七章　21世纪学生不可思议的行为

　　在安逸富裕的环境下长大,家长把一切都安排好了,造成学生将"做自己""别人应该怎样"实践得很"到位"。

第七章　21世纪学生不可思议的行为

第一节　三思而后行？
"什么是 E-mail，不是都用 LINE 吗？"

LINE 的使用功能非常强大，除了代替过去 MSN 即时通的功能外，能上传照片及内容转帖的 FaceBook，也几乎能部分取代。最神奇的是，LINE 好用到竟然有许多十来岁的孩子们，已经不知道 E-mail 是何物！

不愿意用已经简便许多的 E-mail 来完整写封信表达自己的需求或想法，21 世纪的孩子没头没尾地留下短讯与留言、贴图，取代了他们对每件事情重视的程度。

◆

2013 年 4 月，许多五六年级与部分七年级学生共同记忆中的 MSN 走入了历史。然而，FaceBook 的隐私性及自作主张的牵连性，让很多人越来越不敢把脸书当成主要联络途径。瞬间你就会发现，如果不来个 LINE，就会没有朋友。

许多上班族的共同噩梦，就是上班一打开电脑，有着"如雪片般"的未读信件要处理吧！里面包含要回复客户的，回复老板、主管的，回复同一个部门同事的。

把 E-mail 分组处理这样的工作方法，不知何时开始，悄悄地变成用 LINE 的群组别来沟通。还要记得每个人在 LINE、FaceBook 上也许会有不同的昵称、代号，要记得每一个群组里有哪几位成员……这样的沟通方式在现在的职场及人际关系间已经非常普遍。LINE 甚至普遍到，已经有许多年轻人不需要申请信箱，直接用 LINE 当联络事情的渠道。

我的朋友曾因为因缘巧合，兼差性地担任一所大学旁泡沫红茶店的店长，店里平常的主要客户群就是"一群低头族①学生"，不知道是翘课还是借讨论报告为由，在店里一待就是好几个小时。遇到学校社团有活动时，店长就会常常遇到许多来替社团找赞助的热血学生们。他们通常都没有心机，一副直爽心肠，把想要你帮忙的愿望"直截了当、不经特别修饰"地说出来。

身为长辈的店长，自然是有想帮学生的心，不过就在她想知道怎么联络学生的同时，学生回答说："可以 LINE 我！"店长认为要帮社团找赞助的事情，还是用 E-mail 讨论比较妥当，况且在店长的心中，LINE 是私人交友工具，并不是工作上的联络渠道。

然而，她万万没有想到，学生竟天真地回了一句："什么是 E-mail，不是都用 LINE 吗？"

店长顿时有种自己是清朝来的穿越人一般，只不过才两三年不到的光景，怎么世界都变了！

到这里，正面临学生申请大学、研究生面试、新人找工作的教授们、主管们，你们知道世界已经这样改变了吗？究竟是受 20 世纪教

---

① 形容只顾低头看手机而冷落面前亲友的人。

第七章　21世纪学生不可思议的行为

育的我们已经太古板，还是这世界变化得太快？又或者是这些年轻人在现在的教育环境中到底还是欠缺了某个部分，让他们和正统世界沟通的任督二脉永远没有办法打通？

尤其是近年来通信软件 APP 推陈出新太快，早期，似乎没有 what's app 好像就无法确保即时联系的速度，然而 LINE 流行以后，好不容易习惯了的朋友群组模式，接着又来个 Wechat 等其他通信软件……朋友在每种通信软件重复出现，却没有说过一字半句，更遑论用这些软件联系、维持情感。这就是我们要的联系、交友模式？

我常常在想，联系方法快速便捷又如何？人们情感的联系却也跟着变得连一张纸的厚度都没有。所谓的联系，真正包含的情感与重要性，是否因为这些通信软件的普遍而打了折？

人们总是说"这是个快速、多元发展的时代"，但人与人的情谊与诚信，早已不如过去那个见面手握手、写信写卡片的年代。到了今天，许多年轻人甚至不愿意用已经简便许多的 E-mail 来完整地写封信，表达自己的需求或想法，没头没尾地留下短讯与留言、贴图，取代了他们对每件事情重视的程度。

在欧洲，低头族的情况也渐渐出现，过去我们所向往的"在路边咖啡座或车上拿着一本书在阅读"的欧洲景象，正缓缓地被低头族取代，只是速度不若亚洲这般快。不过，还是有许多欧洲的年轻人并没有超过一种以上的通信软件 APP，甚至还有人把许多通信软件 APP 都删掉，回归使用 E-mail 联络的初衷。

问他们原因："用通信软件在发讯息以前，不容易深思熟虑，还是用 E-mail 比较恰当，可以表达比较完整的思维。"对他们而言，

E-mail代表的是对一个人或一件事重视的程度，是一种成熟的表现。

至于"三思而后行"这句名言，照这样看起来，到了现今，似乎是西方社会实践得比较多了！

第二节 主动还是应该？
"这是我的名片，请赞助我们的校园活动！"

一如上面讨论过的，我们必须要相信现在有一部分的年轻人已经不用 E-mail 联络及处理事情。也就是说，如果是在公事上得要详细地讨论事情，你可能要面临的，就是有某部分 21 世纪年轻人没有天天收信及删除垃圾信件的习惯，你寄出去的信件就像石沉大海般收不到回应。

那么，要讨论事情除了得"配合他们"使用 LINE 或是其他 APP 通信软件以外，我们能做的还有一样，就是收下他们的"名片"，当你想到可以怎样帮助他们的时候，"主动"联络他们。

套用一下日本战国时代"下剋上"的词，这年头伦理的观念，是不是都上下颠倒了？ 如果有求于人，是该"三顾茅庐"，还是抱着会有"天下掉下来的馅饼"的乐观态度？

名片这件事情，我不清楚其他五六年级的学生们是怎么想的，至少对我而言，第一张名片是在写研究生论文的时候，因为必须要到国外收集资料，做田野调查，要让海外人士立刻抓到重点，所以指导教授规定我们要印名片来介绍自己。 对于当时的我而言，还颇不习惯要用一张名片来说明来意，因为我一直觉得"名片"是至少"在社会上有一些基础地位"才有资格用得上的东西。

一直到进入社会，除了职业上必须要有的模式化的名片，如非必要，我们通常不会想把名片拿出来发给别人。尤其在二十来岁的那个年纪，连自己都不认为自己有几斤几两，怎敢拿得出名片来介绍自己给别人认识？

然而，经过几年教师职业之后，我发现这年头才十六七岁的孩子们，竟然认为"递名片、印名片"这件事很必要！哪怕只是个社团干部，他们都要印名片来告诉别人。

不清楚是过去"教改"的这个部分，把"勇于表现自己"教导得很彻底，还是把"我想要别人接受"这部分思维模式落实得很彻底，总之，还没有学会经济独立的学生们，似乎觉得只要"名片一拿出来，你就要知道我是谁"，接着我需要什么，你可以看看有没有什么东西能帮得到我。

某大学旁边担任茶店店长的友人，就遇到过不少次社团干部来寻求商家赞助的事情。除了联络上要用 LINE 吓坏过友人一次，又遇到学生连活动策划方案都没有递出来，反问他们需要哪种类型的赞助时，竟然连话都讲不清楚，只会露出"青春无敌"的热忱，告诉商家说："你想怎么赞助都可以喔！"然后，再递上一张名片说："如果你想好可以怎么赞助，跟我联络！"

究竟现在的年轻人是哪里来的自信，认为别人"应该"要来主动帮助你？

如果真的那么有自信，那么为什么有很大一部分的年轻人，没有自信去梦想，也没有自信去相信？其实他们真的可以勇敢地不走大众价值观认为他们应该走的路。

至于递名片，就等梦想成功了再做，也不迟。

第三节 将心比心？"应该不会客满到没位子坐吧！"

许多 21 世纪的年轻人抱怨"不知道自己哪里错了""不知道自己到底输在哪里"。 很多时候，问题不是对与错，不是输与赢，就只是"将心比心"。 其实，现在的年轻人只要可以合理地去想象，去处理事情，再多一分细腻，就能多一步接近完美。

◆

学校教育给的不应该只是课本上的知识，所谓"全人型"的教育，就是希望教出通识、通才的学生，让他们将来根据自己的个性特征来发展。

所以，在学校的课程安排上，需要有打扫时间、自修时间、社团时间，还要有不同的校外教学活动，目的就是希望借此培养学生除了念书以外，与不同环境及社会"接轨"的能力，最重要的就是"处理事情的能力"。

在当下，我个人一直觉得老板要请一位年轻员工（包括新人），专长、学历及态度都是重要的考量，但是能不能摆脱 2.2 万台币月薪的命运，让自己在一群条件差不多的人当中脱颖而出，"解决事情的能力"应该才是关键。 这个也是我个人始终觉得"是 21 世纪的孩子们所普遍欠缺的"。

我在学校有个"印度风情社",一学期六至七次的社团课,是学生很期待的课程时间,只要不用上正课,不用考试写作业,什么课他们都会很捧场支持。其次,社团课就是带学生出去"放风"到印度餐厅吃饭,体验真正跟印度人交谈、点菜、品尝异国口味料理,增加他们的生活经验。

　　为此,不断叮咛干部要记得去订位;但没想到,直到出发那一天,还是没有人去订位。

　　一整个社团三十多个人,浩浩荡荡要在午餐时间里去餐厅吃饭,学生天真地觉得不用提前订位子,前提是"应该不会客满到没位子坐吧!"学生的想法就这么"单纯",他们"完全没有想到"如果是老板不知道一次要来三十几个人,万一在人手的调度上出问题,万一当天刚好有人请假呢? 会不会人手不够忙不过来? 万一老板本来就知道平时中午不会有那么多人就餐,所以备料只准备刚刚好? 还有部分食材是需要经过长时间腌渍等处理的,涌进一大群人,老板可不是瞬间能应付得过来的。

　　但是这些方面,如果家中不是做生意的,在安逸环境中长大的学生们是不会提前想到的。在孩子的求学生涯及未来的职场生活中,如果都没有机会遇到类似的状况与训练,无法将心比心,是不是在未来,当他们遇到问题,或是面对不如意的情况,就只单会从自己的角度去考量,而忘了还有许多种可能性,因为将心比心、"有问题的生活"在他的经验里不曾出现……

　　21世纪的学生多数是在安逸、富裕的环境下长大,网络及多元资讯的发达,加上"家长安排好了"的性格培养,造成他们在"做自己"这一块远比"替他人着想"还要容易落实。

　　以自己为出发点，简单"直线思考"的处理事情模式，就这样笔直地出现在年轻人的脑袋里。他们没有错，他们也有过思考，但有时涉世未深，的确没有办法将心比心，或者考虑到更多的层面。然而，与其让他们将来进入社会被残酷的、血淋淋的现实教训，真的不如在接受学校教育的期间就由老师带着他们多磨炼一点，相信他们就能进一步接近完美。

第四节 做自己!"我昨天没有来,是因为刚失恋!"

现在的年轻人已经把"自我"看成第一顺位般重要,即使有他们职责上该完成的事,但面对与"自我利益"的冲突之时,"自我"常常是优先选择。 然而,在校园内大声说"不",却有会让人丢饭碗的可能。

◆

在 20 世纪"填鸭式教育"是令人印象深刻的形容词,教出一堆"贝(背)多芬(分)"也是最为人所诟病、最需要教育改革的部分。

在那个年代,常常有标语叫"勇敢说不!"在刚刚开始教育改革的时候,名句"只要我喜欢,有什么不可以?"很快就成为流行语,而且时下也都浸漫着这样的气氛。 当时的年轻人若能随口说着"只要我喜欢,怎样都可以",简直"酷毙了"!

随着"教改"执行多年,许多方面的改变都不如预期想象,但是"勇敢说不"这一块,我却认真地觉得"成效惊人"。

过去,如果是老师吩咐学生做事情,学生一定都是诚惶诚恐地接受并努力办到,不管他是不是该科的"小老师"或是班级干部。 时间来到 21 世纪,如果老师吩咐班级干部及"小老师"做事情,即使口气中包含"麻烦你""谢谢"这类客气的字眼,已经有许多学生会当面向老师说"不"了。

说"不"的原因包括：我想念书，做这些事很浪费我的时间；我想先去上厕所，所以来不及做你交代的事；或是"直接消失"不见踪影。 从上面几个例子看，可以发现一件事，就是现在的年轻人已经把"自我"看成第一顺位般重要，即使有他们职责上该完成的事，在面对与"自我利益"冲突的当下，"自我"常常是优先选择。

校园内没办法用强制力去管教"拒绝"的行为，老师多半也只能柔性劝导，或是把该给的加分嘉奖取消或减少。 有的老师甚至为了要拉拢学生的心，隔三岔五地准备小糖果或小礼物，趁机嘉奖学生的热心公益及平时帮忙的辛苦。 大部分的学生都会把这些记在心里，并且也都努力完成老师交代的工作。 但不可否认，也有不少比例的学生，认为老师的奖赏是"应该的"，或者是"老师自己要给我的"，有着不拿白不拿的心态。

这样的孩子进了职场，在说"不"了之后，面对老板的惩罚，总觉得"很夸张""小题大做"，有时候还会觉得是"自己的事很重要，忽略了工作并没有什么不对"。 所以，我们也常常听到主管或企业主抱怨，新进来的年轻人常常来一封简讯或是丢句LINE表达完要离职就直接走人。 想请假时，也不觉得亲自跟主管请假是必要的行为。 当主管问请假的原因，常听到的都不是正当理由，有时候理由夸张的程度，想必连一些当家长的都在自己的职场上听过，甚至还成为茶余饭后的话题。

21世纪的年轻人在"做自己"及"勇敢说不"上已经有显著的进步，但是在这之后所连接要面对的现实，却都还没有足够的自觉及能力去处理。至于学校教育该怎么教他们"面对"与"责任",除了靠老师在课堂上以及校园团体生活的机会,经由处罚或是其他情境的实境教学,让年轻人提早在校园体验现实舞台的残酷与血泪之外,也请家长们愿意放手,让孩子们在还有机会犯错之时,接受与承担犯错的勇气,或许多几次震撼教育就学得会了……

第八章　没有人告诉过你的"21世纪教师攻略"

老师也是人，摘下面具并拿出教职外的技能，真实地与学生互动，便是他们每天温暖与成就感的来源。

第一节　老师们，请把自己当明星一样经营

如果你常常感叹台湾地区的人时尚感及美感都不及西方人或邻近的日本人、韩国人，那么是不是身为指标性人物的老师，这一块也可以列入你"经营自己"的目标？

如果明星的置装费是重要的开销，也请多给自己一些置装费。所谓的置装费，并不是指要买高价、名牌的服饰，而是让自己每天上班都能有焕然一新的好气色。相信，穿着自己喜欢的衣服，出门前照镜子，喜欢今天的自己，那么到学校面对"神魔学生"们，也就有更多自信可以"兵来将挡，水来土掩"。然后，请记得，除了衣服变化以外，发型、配饰、鞋子也尽量都跟着季节做出改变。

其实，老师在很多学生的心目中，就是他们这个年纪崇拜、学习的对象。借由潜移默化的行为，相信扩展自己及学生对服装的品味与认识，不也是很好的教育机会？这也是另一种层面的"教学相长"呀！

也有许多老师想到要来学校面对"神魔学生"，就完全提不起打扮的劲头，只想穿着最简单、轻便的衣服，免得自己的外表及衣着成为学生批评、嘲笑的话题。然而，如前文所述，当你能被学生当面批评，其实就已经是引起学生注意，"成功驾驭学生"的程度也已经达到了一半了。

当然，也有年轻貌美的老师，每天成为男学生表白的对象，引起

第八章 没有人告诉过你的"21世纪教师攻略"

不必要困扰的状况，但这些情况毕竟是少数。因为"打扮"其实也不见得会与"困扰"画上等号，毕竟随着年龄差距渐渐拉大，等你当学生的妈妈都绰绰有余时，这些困扰应该都不会在担心的范围之内了。

　　所以，不管是貌美的轻熟女，还是资深的美魔女们，包括男老师们也都一样，请一起加入"经营自己外貌"的行列，成为让学生们崇拜的代表吧！若老师能努力让自己每天都漂漂亮亮地进入工作岗位，相信日后树立起管教威信，也不会是问题！

【管教强心针】

"神魔学生"们也许对学业的事情不够灵光,也许讲话很白目,但是他们的确是会认真研究老师们的衣服的。

每天从上午七点多到下午四五点的时段,老师可说是求学过程中可以为他们带一点乐趣及话题的来源。有时候你觉得连自己都会沾沾自喜地打扮,从学生的口中,却可以听到新一代年轻人"超直白"的建议。从"可笑"或"有趣"的角度来看,借此增加老师在残酷舞台上生存的厚脸皮程度与莫名的自信,其实也未尝不好。

以我自己的例子,戴一顶红色的帽子就被说成是胖虎的妹妹"小珠";穿件洞洞上衣被说像7-eleven[①]的环保蓝色提袋……其他像是什么屁桃君[②]跟杀生丸[③],这些都是20世纪老师没听过的动漫人物和形容方式。换个方向思考,凭借打扮拉近跟青少年们之间的距离,还是能认识新动漫人物的途径。这种我早就练就一身的处变不惊态度,让教学生涯走得更宽广!

---

① 日本著名连锁便利店,总部位于东京千代田区。
② 日本游戏《农场精灵》里的角色,面相如桃子。
③ 日本动漫《犬夜叉》中的主要角色之一。

第二节　老师们，用塔罗牌、星座和面相知识跟学生搞好关系吧！

十七八岁左右的"花样少男少女"，最大的困扰不过几项：感情、学业、未来志愿、人际关系。

人处在顺境的时候，很少求神拜佛。通常是少了姻缘去拜月老，要考试了去拜文昌帝君，祈求财富时才去拜财神。回顾我的人生前十年，逆境的情况比顺境来得多。所以，为了解决自己内心的困扰，或是给自己增加信心及平静，收看命理节目及关注相关星座、塔罗牌这类"加强资讯"，让我即使没有真的去通过上课获得这方面的认证，但凭着"吃过的盐比学生吃过的饭还多"的多元人生经历，在上课中，凭借塔罗牌、星座、面相知识作为引起学习动机的道具，分享人生小故事，其实很有帮助。

人都想要更加认识自己、了解自己，很多学生觉得自己了解自己，但其实不然。如果一位老师能够用这种比较活泼的方式，去告诉学生要注意哪些事情，要如何善用自己的长处，相信，远比严厉、谆谆告诫的方式要容易让学生吸收。

有时候，老师甚至可以透过手相、面相、星座，乃至于下笔写字的劲道与笔迹等资讯，跟学生真正地成为亦师亦友。透过这些，也可以帮助老师们了解学生在教室以外的另一面，对于班级的经营或是辅导也有意想不到的效果。

"花样少男少女"的年纪，大部分就是跟同辈讨论、分享的年纪。与其让他们到外头花钱找人解决青少年的烦恼，倒不如寻求年纪长他们一轮以上、可以跟他们毫无顾忌地分享情感的老师，就是很好的办法。前提是，学生对老师要是信任的，如此，由老师给他们提出建议，学生自然也很容易听进去。当然，最重要的是要把塔罗牌、星座、面相当成"辅导"的手段，不能拿来营利。

　　你会发现，原来愿意主动找老师问问题的，其实都是颇有想法的学生。其他比较安静的同学在看到同学们的经验和反应后，也会默默地跑到你面前来，主动跟你诉说内在的想法，请老师给予建议。当他们确定了自己的志愿，可以努力地朝某个决定的方向前进；又或者是告白成功时，身为老师的我也是甚感欣慰。

　　看到这里，相信不少老师们也都对这些有兴趣，不妨试试将这些话题跟知识分享给学生，将会引起许多不可思议的好效果喔！

第八章　没有人告诉过你的"21世纪教师攻略"

【管教强心针】

最先开始会在教室里提到塔罗牌、星座、催眠等这些事情，是因为教授了19世纪末至20世纪初"弗洛伊德"的课程。

为了加深学生对弗洛伊德的大作《梦的解析》的印象，我还上网研究了不少的梦境分析。但这实在不是我的专长。几次在课堂上"很快就被问倒了"之后，只好转移话题对学生说："我对星座及塔罗牌比较有兴趣。"

没想到，就开始有学生会在下课时，请我用塔罗牌为他们解决困扰，一开始也没想到这会是"快速与学生交心"的方法，至少，看着不管好或不好的结果，学生的笑容跟眼泪，都让我深深震撼并觉得"这是一种情感之间真心的交流"。

当然，最实际的好处就是掌握了学生的秘密，学生自然不敢在你的课堂上造次。如果身为班主任，刚好可以趁机知道许多教室以外的学生世界，如此有趣的事情，老师们愿不愿意也试一试呢？

第三节　除了教书的专业知识，
老师得开发不同领域的才华与技能

现在有想法的孩子不在少数，与其说是他们坐在台下听你上课，倒不如说是因为教育体制规定的"不得不"。既然这样的话，不如就让自己成为耀眼的巨星，让他们主动、乐于参与你的课。所以，除了课本知识上的学习，强烈建议老师们用课本以外的专业知识征服学生吧！

当高学历与高失业率有快成正比例的危机时，有证照、一技在身，会是更实用的谋生之路。当老师需要有教师证，而且必须要是跟你教授的领域相符的专长。现在要拿教师证的过程，不外乎就是在大学时参加师资培训，然后在大四那一年付学分费到学校实习（无薪水），实习完毕拿到学分后，要去参加每年春季教师检定的笔试，通过后才能拿到合格教师证。

由于"流浪教师"及"少子化"的问题，最后那一关笔试的录取率每年都在下降。拿到教师证后不代表有老师的工作给你做，因为每年正式教师职缺的甄试，是一场比高考还难打的仗。每年各校开出的相关科目的教师缺，也都是可遇而不可求。也就是说，很容易遇到空有一身武艺，却没有开缺，没有上战场的机会。

一直到今天，虽然我们都知道"少子化"及未来变数很大的退休机制的风险，但绝大多数已经花心力投资在教师证上的老师们，还

第八章 没有人告诉过你的"21世纪教师攻略"

是都不愿意去尝试做别的工作。他们仍旧每年都挤破头、耗尽体力，极度残害身心灵及自信地在面临这些教师甄试的考试环节！而且一旦考上后，大概也很少人愿意放弃教职，去广大的世界从事不一样的工作。

关于这一点，我个人真的觉得很可惜，因为老师们基本上都算是"学习有所成就"的人啊！有这么好的资质及肯努力的精神，做任何一份工作获得成功的机会都很高啊！真的强烈建议年轻的老师们，在还没考上正式教师前，可以踏出校园职场，多去接触宽广的社会，问自己是否真正适合做其他工作，因为在还没尝试以前，什么也说不准！

至于考上老师以后，老师们在收入稳定的环境下，更应该提升自己的能力。学第二、第三外语，考英语认证，拿厨师证、导游证……什么都好。不是要你把考证照拿来当成谋生工具，而是透过证照来让你的终身学习旅程更圆满、更有成就感。而且，老师若借此开启了不同职场的眼界，还可以在学校带社团，更可以跟学生分享多元职场资讯，这些对于给学生做将来选填志愿的辅导不也更有帮助？

【管教强心针】

以自己而言，除了高中历史科的教师证以外，我还有外语领队执照及台北市视觉艺术类"印度身体彩绘"的街头艺人执照。这一次代课的空窗期，就是我最期待展现自己其他专业才华的时候。

我曾经在暑假空窗期带过团出台湾，也在台北市当街头艺人，还曾经因此受到许多平面媒体及电视台的采访，这些是意料之外的收获。

最初的想法其实就是"鸡蛋不能放在同一个篮子里"。在这样多元的台湾社会，既然我们不能改变社会体制或现况，就从改变自己开始，让自己成为一个有许多选择权和机会的人！

现在的学生永远比老师们读书的那个年代要有创意许多，他们对于多姿多彩的执照或工作环境都很有向往。比起告诉他们将来要考公务员或当老师，能发挥自己才华而获得成功的事情更能让学生们感兴趣。

所以，当我在当街头艺人时，会有已经毕业或仍在读的学生来到摊位前看我。当我想带团时，会有已经毕业、目前在旅行社工作的学生告诉我什么机会可以去试试看！

学生很快就会长大，几年后他们都会是社会的中坚分子，与其告诫他们要好好念书，将来才能怎样怎样，真的不如跟他们一起在不同的领域中教学相长会更好。因为现在你是他的老师，未来他会是你的事业伙伴或是客人也说不定呀！

第四节　老师们要比学生还会装可爱或是耍任性

如果老师愿意放下过于拘谨的态度，摘下兰陵王①用来恐吓敌人的面具，面具后的真实，其实才是与学生们做情感交流的好基础。

老师是个需要多重身份及人格的职业，就像演员一样，要唱作俱佳，还要随时能进入不同的情境去一人分饰多角。我个人认为，这是面对有着千奇百怪"神魔学生"的第一线教师必须有的技能。

对我而言，装可爱与耍任性，是不管几岁都可以善用的一门利器。大部分的老师都很正经八百。为了要威吓住所有学生，所以老师通常都要板着一张脸，数着一堆啰唆的规定来管教学生。

但"小白兔老师"就是小白兔，跟直白、天真的学生相处久了，很难不被他们逗得又气又好笑。其实某些时候，如果老师愿意放下过于拘谨的态度，摘下兰陵王用来恐吓敌人的面具，就算被"神魔学生"识破后笑着说："只是一只纸老虎！"降低高度与他们相处，也未尝不是一种好办法。

按照前文所述，很多人会忘记"老师也是人"的事实。即便职业上具有"神圣性"，但"确实就是平凡人"的老师，在处理事情跟上课的时候，当然不会百分之百完美。假设被学生的问题问倒了，

---

①　兰陵王，名高长恭（公元 541—573 年），又名高孝瓘，骁勇善战。据说因为面相太柔美不足以威吓敌人，每每打仗都要戴上狰狞的面具。

或是解决学生的问题回答得慢了,这时候老师该怎么自处?

　　是假装正经地说下次再回答,还是用其他的事情把学生骂一顿借此拖延时间? 以我自己的处理方法,就是"装可爱跟耍任性",即使年纪大到已经可以当学生的妈了,但流露出平凡人都会有的态度,其实就是一种真诚。 谁不喜欢跟真诚的人相处呢! 当然,课堂上的小错误很容易就可以取得原谅,也不用觉得很丢脸而下不了台。

　　最重要的是,老师是个需要多重身份及人格的职业,就像演员一样,要唱作俱佳,还要变脸跟翻书一样快。 要充分与学生们相处,摘下"兰陵王"面具后的真实,才是情感交流的好基础。 这样的说法相信许多人都同意吧!

　　在教室里适时地制造属于自己跟学生之间的默契以及"通关密语",对师生之间的互动帮助也很大!

【管教强心针】

平常,我只是一只纸老虎,有时候会耍任性跟开玩笑地对付学生,所以当真正生气的时候,几乎是板着脸,"神魔学生"就知道这节课不能开玩笑了!基本上学生是可爱的,不管他们是白目还是贴心,我珍惜的是这些"真性情的交流"。尽管他们当着面嘲笑我,想看我怎么顶回去,让其他老师会觉得我太好说话或太好欺负,但是个人就是喜欢这种直来直往的感觉。直来直往,远比在老师面前乖顺,背后却在网络的某一个角落把你骂得体无完肤要好。

每次只要有人发现我是高中老师,一定都会替我担心:"现在的学生很难教吧!"但我脑海里第一个想到的画面都是愉快及有趣的师生互动。我想我是幸运的,也或许是粗神经的,因此在我的教学生涯中,若要总结我对学生的看法,我会说:"他们虽然很白目,可是真的很有趣!谢谢这些'神魔学生'们,给了我这么多真心的回馈,让我有很快乐的教学生涯!"

第五节　要不要把学生加入私人 FaceBook？
　　　　请审慎考虑

请记得公与私的区别，老师也是平凡人！

私生活是精彩还是平淡，有机会拿到"通行证"进入观看的，应该要与工作中会遇到的学生与同事们有所区隔！在网络世界里的人际关系，管理得好才能减少许多不必要的麻烦。

我们得与真正想分享的人分享生活。

以前博客还流行的时代，老师会去偷看学生的博客，学生也会设法搜索老师的博客，因为很多学生都会在上面发抱怨文，不管师生都可以在对方的博客里看到在学校看不到的世界，也许是好的，也许是温馨的，但因此引起误会或以讹传讹的事情也都是有的。

随着微型网络日志的出现，推特①、噗浪②这些都流行以后，目前在台湾的教育界里，最常用来偷窥他人世界，或是形成班级群、社团这些东西，莫不以 FaceBook 及 LINE 为两大主流。

如果老师非得从这两项当中选一项作为跟学生在学校以外互动、交流的工具，LINE 的主动"牵连性"是要比 FaceBook 的私密账号要好一点，但资讯的流通会过于琐碎，第一时间"已经请不回"

---

① Twitter 的中译，一家美国社交网络及微博客服务网站。
② 社交网站 Plurk 的中译。

第八章 没有人告诉过你的"21世纪教师攻略"

的时效性一过，就很难有心思去认真回复，或是变成丢个贴图表情了事。

至于FaceBook的私密账号，虽然隐私性已经令很多使用者抓狂，但是如果慎选加入的朋友，发文时注意观看权限的设定，倒也不失为作为人生记录及与学生沟通的好帮手。

如果实在习惯用FaceBook，那么就替自己开设一个公开的粉丝专页，一方面让学生及其他人更了解老师在学校以外的生活世界，另一方面当真的需要联络学生的时候，也有个畅通的渠道。 还有一个好处就是，老师可以透过学生在FaceBook的账号，点赞与留言互动，帮助老师记忆每个学生的名字与特色。 有的学生在上课时偷玩手机，一派天真地想捧场老师在FaceBook专业的发文，老师立刻就可以在办公室的另一端遥控，这又是另一项管理的小贴士。

"是不是要把学生加进来成为好友"，个人强烈建议：能够不加就不要加。 说实在的，现在网络上流通的讯息这么方便，手机APP通信软件这么多，真的不需要让学生加入FaceBook。 尤其是让仍在读的学生进入老师私人领域的FaceBook世界里，其实还真的会造成困扰！

身为老师，在课堂上已经需要顾虑东顾虑西了，若在交友的私人领域发布个近况还要担心在学生面前的形象，我想就大声地说免了吧！ 至少未满18岁不宜进入老师的FaceBook，毕业了就再考虑考虑！

【管教强心针】

在博客的时代，个人因为从来不在博客发表抱怨文（要抱怨也会记得锁码），加上爱分享一堆"小白兔老师"不会分享的东西，所以透过博客，我也获得了一批死忠学生的拥护。即使在几年后FaceBook及LINE都已经成为主流，这一批"神魔学生"也从当年的十六七岁到现在的二十四五岁，但还是可以在学校的运动会、游园会里看到他们回学校来看老师。或者，会在大学放假或是不用工作的时候跑来学校看老师，顺便跟学弟学妹分享念书及工作的心得！

当"玛杜莎"（注：本书作者黄伟雯的笔名）需要有人捧场新书发布会、签售会、舞蹈表演等粉丝后援会，甚至想要有人帮忙做街头艺人的宣传看板、兰陵王的面具、KITTY娃娃等各国服装……这些神魔学生就会化身小天使，成为老师最好的支持者！

一直到现在，"神魔学生"已经更新到第三代、第四代了，因为透过博客的持续经营、FaceBook粉丝专页，我发现，自己的粉丝专页最受欢迎的年龄层是16至18岁（窘！），点赞的支持者一般以上来自"神魔学生"。

你说他们在学校一大堆行为令人看不顺眼，可是反过头来却又很天真、直爽地跟老师在FaceBook上互动，怎样想起来也是每天温暖与成就感的来源。

透过网络上的交流，老师与学生一半真实一半虚拟地分享不同层面的生活，一起成长，不能不说FaceBook在这方面是世界上最好的发明之一！

附 录

华德福教育体系与普通教育体系的比较

	华德福教育体系	普通教育体系
考试	很少	很多且被规定
阅读	主动	被动
电脑	学习较慢，但后来居上	在生活中被牵着走，必须要使用
活动	学习的一部分	被动居多
沟通	言语沟通较佳	缺乏言语对应的沟通能力

目前全世界约有一千所左右的华德福体系（Waldorf Education）学校，主张学习是对自己负责，而不是与他人比较，这个

也是多年以来教育应该有的初衷。然而，普通教育随着一步步的改革，与这个目标渐行渐远的同时，另一个20世纪初即产生于德国的华德福学校，以奥地利哲学家鲁道夫·史坦纳（Rudolf Steiner）提出的人智学（Anthroposophy），讲究学习是"慢学"的主张，深受印度教灵性哲学影响的教育体系，也正默默地在台湾扎根中。

坊间常看到的好文分享或转帖，例如"慢活""慢游"这种"慢"字眼想必大家都不陌生。在成人的世界里，我们不断强调找回自我，不要再被时间及不适合自己的普世价值观追着跑，这种"倾听内在的声音""接受当下的一切安排"的观念，在青少年的学习道路上，为什么不还给他们呢？

"慢学"的权利，部分在体制内的教师，即使心有余也力不足。

在台湾，总是有一大群你难以想象的多数家长及老师，还是非常重视成绩，还是强调"孩子只需要好好念书，其他生活的事情都不必担心"了。这也造就了越来越多没有办法与自己内在沟通、达成身心平衡的孩子。这些孩子在长大以后，没有办法面对社会现实状况而退却的比例，当然也在成正比例增长。最后，他们只能躲在虚拟的网络世界后面，或是在父母的庇荫之下生活着。

这些孩子，不是他们愿意如此，而是在学习与成长的生命过程中，家长与这个社会活生生地剥夺了他们的学习机会。

什么叫活生生地剥夺他们的学习机会，就像前文提到的现在的小孩，缺乏"实作"的环境，因为只要滑动手机屏幕，或是走几步到家外面的便利商店，就可以解决大部分生活所需的事情，没有在实际上与世界手搭手地共处、成长，造就他们"缺乏处理事情的能力"

以及"如何与人沟通的能力"。

举一个简单的例子，通过华德福教育体系培养出来的孩子，当他们面对平辈或是长辈的时候，讲话有条理、有问有答，非常自然。大人问他们问题，他们不会支支吾吾地只会"嗯"或"喔"，可以把问题的内容，从原因到过程到"我觉得"的结论表达得非常完整，态度相对从容。

反观 21 世纪以来，普通教育教出来的孩子，大人在后面一直问，小孩头也不回地一直往前走，只会"嗯嗯啊啊"地敷衍、回应大人的问题，讲不出完整的前因后果及心情的情况，时有所见。

这些在他人面前无法完整表达的孩子，他们大概只会在网络世界才比较畅所欲言，面对真实世界的人类则相较口拙。 所以，年轻人习惯用简讯或是 APP 通信软件去表达他们要请假、要离职，没办法面对真实的人说出自己想讲的话，由此可见。

这些孩子很容易佩服口若悬河的人，不管对方讲的内容对不对，理念是否符合自己内心所想，只要被好口才的人吸引，都觉得"他们酷毙了！"

在华德福教育体系里，老师鼓励家长不要让小孩看电视，所以很多家庭没有安装数字电视或有线电视，甚至是网络。 小孩在 20 世纪的学习环境下成长，没有网络和电视，就只能大量阅读，不管是课外读物、报纸都好，甚至像我们小时候一样，听许多故事录音带。

这样的学习过程，是不是在现在的小孩成长过程中，有越来越罕见的趋势？ 因为现在陪伴小孩长大的，除了电视机里的儿童节目，再来就是手机、平板电脑里的游戏，加上现在小孩生得少，许多孩子是没有兄弟姐妹可以一起抢电视、一起玩游戏，从互动般的过程长大的，于是在人际关系的应对之间，21世纪的孩子就缺乏了处理及面对人类社会的方法，这是一个亟须反省的问题。

许多已经对教育认真看待的家长，不惜从小孩一出生就开始为他们迁户口、买房子，希望可以进入华德福教育体系的学校内就学。目前在台湾，以宜兰慈心华德福学校为例，从小学到高中就有一系列的就学渠道。

在这样的学校里考试不多，相信对很多学生来讲是天堂。说真的，老师也不是天生就爱考试，可是，你知道在体制内的老师如果小考过少，会让家长认为"每周看不到某科目的小考，这个老师就是怠惰、失职"。甚至，有些班主任为了要向家长交代，还会干涉专任老师的小考次数，考太少都不行。这类事情不断地在台湾各地的学校上演，老实说，里边实在是有老师的无奈！

清代蒋士铨的《鸣机夜课图记》里述说：

"铨四龄，母日授四子书数句。苦儿幼不能执笔，乃镂竹枝为丝，断之，诘屈作波磔点画，合而成字，抱铨坐膝上教之。既识，即拆去。日训十字。明日令铨持竹丝合所识字，无误乃已。至六龄，始令执笔学书。"

这篇文章想必许多人都不陌生，文章内容大意是说：因为才四岁的小孩不宜拿笔，所以母亲用折断的竹枝在地上拼字，教导小孩识字，直到小孩六岁时，才让他拿笔写字。

同样"望子成龙，望女成凤"的心情，古代的人都知道学习不能操之过急，至少在六岁以前的孩子不适合拿笔，这种理论在现代许多亲子文章中都有提到。那么,"慢学"的真谛在现代的台湾教育里,究竟被实践了多少?

现在,还是有大量的家长害怕小孩输在起跑线上,在小孩中文发音都还没完全掌握之前,就急着把小孩送到双语幼儿园,因此各式各样的补习班、才艺班应家长需求,如雨后春笋般地出现。加上,双职工家庭成为主流,家长没有办法陪伴小孩,小孩没有课后的学习时光,就只会送去安亲班。

"补习班、才艺班、安亲班"这些都是大人替小孩消磨时间的安排,并没有抓住让小孩从真实世界摸索、慢熟、慢热地找到他有兴趣、主动学习的事情,使得小孩只是为了"不给家长增添麻烦""符合家长的期待"而去学习,在他们的内心里,已经失去了对学习的热情。或者是,他们一辈子其实都没有机会去找寻"自己真正想要的是什么"。

从台湾已经有的华德福教育体系来反观普通教育体系,如果某一部分的家长能够如此赞同与配合自然"慢学"的教育理念,那么普通教育是不是也能面对现实地去大刀阔斧,勇敢地抛弃错误的价值观,不管其他人的怀疑与批判的眼光,只做自己觉得有意义及对的事情!

面对自己的生命及小孩的教育都应该要有这样勇敢的态度,勇敢的特质不就是应该用在这里吗?目前在欧美已经有许多普通教育体系的老师接受华德福教育的在职训练,如果教育管理部门逼迫老师一定要有的研习能够有这一项,我想很多人会欣然去参加并接受训练。

面对这个诡异的社会思维及"教改",我们都应该拿出勇气说"不!",努力成为格兰芬多学院①的学生吧!

---

① 《哈利·波特》系列中,主人公哈利就读的霍格沃茨魔法学校的学院之一,其学生大多充满胆识,有正义感。